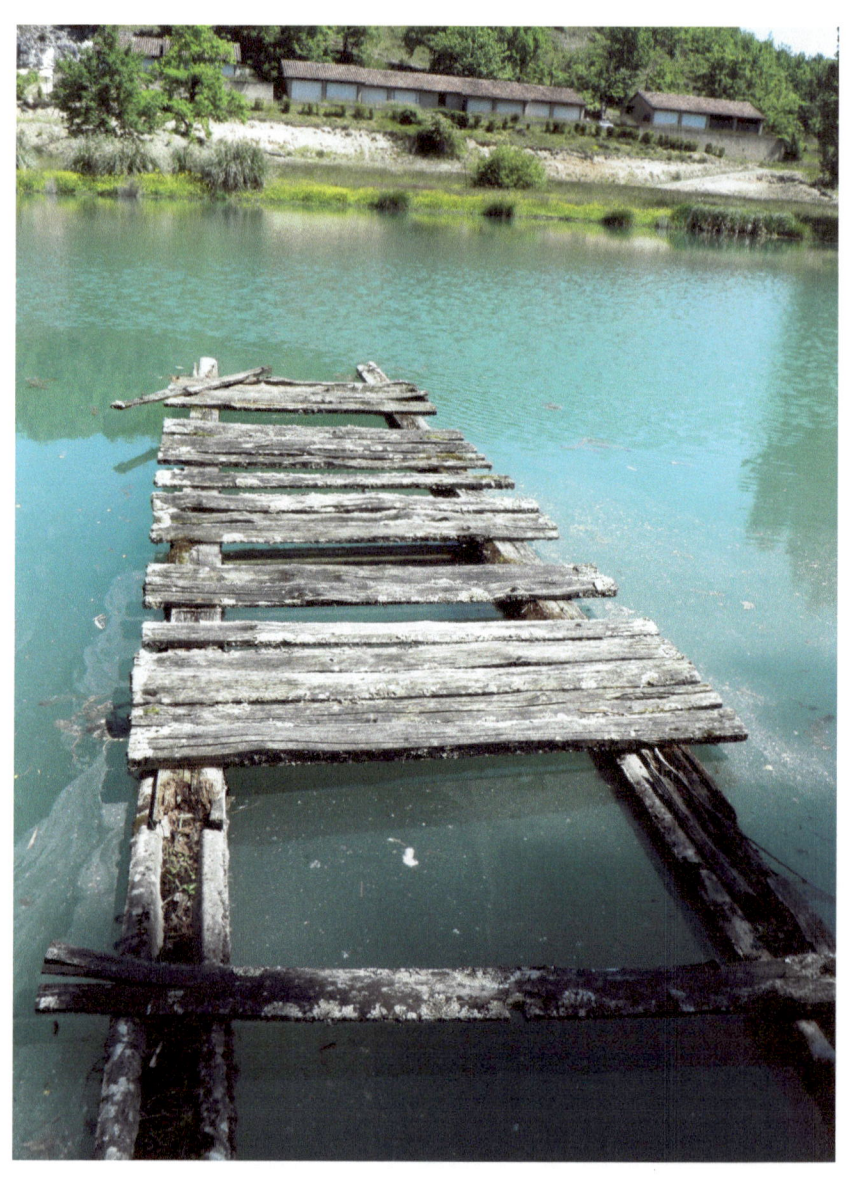

Aire de Belmontet... *Belle montée de Montcuq...*
depuis le 1ᵉʳ janvier 2016.

Montcuq en Quercy Blanc

Du même auteur*

Certaines œuvres sont connues sous différents titres.

Essais

Les villages doivent disparaître !
Comment devenir écrivain ? être écrivain !
Contrairement à Gérard Depardieu, dois-je quitter la France ?
Alertez Jack-Alain Léger !

Romans

Le Roman de la Révolution Numérique (Péripéties lotoises)
Ils ne sont pas intervenus (Peut-être un roman autobiographique)
La Faute à Souchon (Le roman du show-biz et de la sagesse)
Quand les familles sans toit sont entrées dans les maisons fermées
Viré, viré, viré, même viré du Rmi !
Liberté j'ignorais tant de Toi

Théâtre

Neuf femmes et la star
Les secrets de maître Pierre, notaire de campagne
Ça magouille aux assurances
Chanteur, écrivain : même cirque
Deux sœurs et un contrôle fiscal
Amour, sud et chansons
Pourquoi est-il venu ?
Aventures d'écrivains régionaux
Avant les élections présidentielles
Scènes de campagne, scènes du Quercy
Trois femmes et un Amour
J'avais 25 ans

Photos

La route lotoise G.P Dagrant: les vitraux de trente-trois églises
Cahors, 42 inscriptions aux Monuments Historiques

Théâtre pour troupes d'enfants

La fille aux 200 doudous
Les filles en profitent

* extrait du catalogue, voir www.ternoise.net

Stéphane Ternoise

Montcuq en Quercy Blanc

Jean-Luc Petit éditeur - Collection Lot

Stéphane Ternoise versant lotois :

http://www.lotois.fr

Tout simplement et logiquement !

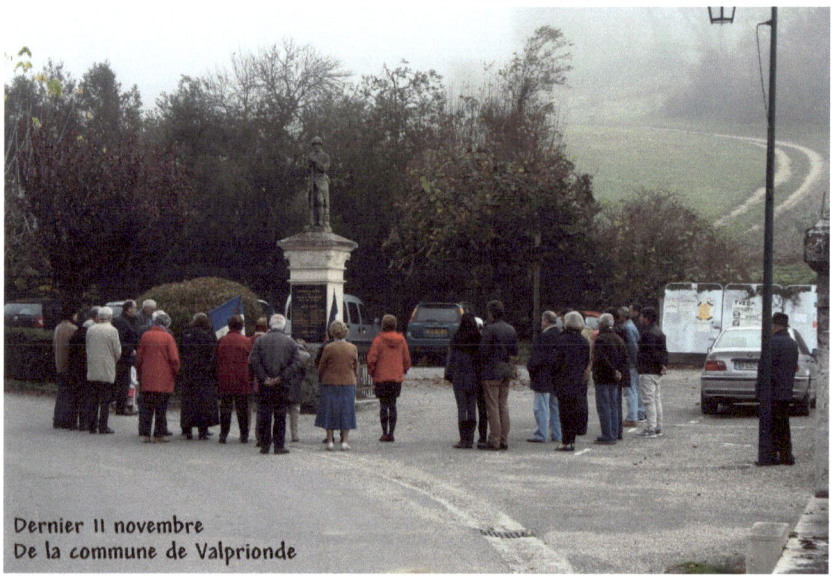

Dernier 11 novembre
De la commune de Valprionde

Tous droits de traduction, de reproduction, d'utilisation, d'interprétation et d'adaptation réservés pour tous pays, pour toutes planètes, pour tous univers.

Site officiel : http://www.ecrivain.pro

© **Jean-Luc PETIT - BP 17 - 46800 Montcuq – France**

De Montcuq à Montcuq en Quercy Blanc

Le département du Lot : 5 217 kms². 340 communes au 1er janvier 2015 ; superficie moyenne : 15,34 kms² ; la moins étendue : Glanes 2,72 kms² ; la plus étendue : Castelnau-Montratier 72.54 kms²... Le Lot, mon "terrain de témoignage préféré"...

Je préparais un *Montcuq*, en photos et textes, Montcuq, en Quercy Blanc. Quand Montcuq-en-Quercy-Blanc fut déclarée *commune nouvelle*, sans projet ni ambition, par simple opportunisme de sexagénaires repliés sur leurs petites idées, alléchés par un peu de la lumière d'une tunique de prétendus modernes, bourreaux des communes créés par la Révolution Française, avec l'abolition des privilèges et de la féodalité.

Une nouvelle féodalité en guise de modernité du XXIe siècle ! Ils ont osé !

Bref, Montcuq est mort, vive Montcuq-en-Quercy-Blanc ! Naturellement, il s'agit de sémantique. Dans l'esprit : absorption et nullement une fusion. Les mairies déléguées fermeront rapidement ; Belmontet, Lebreil, Sainte-Croix et Valprionde deviendront des espaces abandonnés, délaissés, éloignés du centre, comme Saint-Geniès absorbée fin XVIIIe.

Montcuq-en-Quercy-Blanc : 78,23 kms². Les conquis apportent la plus grande partie du nouveau territoire : Valprionde 1592 ha + Belmontet 1 212 + Lebreil 1 020 + Sainte-Croix 777. Soit 4601 hectares alors que Montcuq-tout-court plafonnait à 3 222.

Mais Montcuq-en-Quercy-Blanc ne sera pas la plus grosse du département : Sousceyrac également

s'est habillée "en-Quercy" pour obtenir la première place. D'autres vont réagir ?
Quant aux habitants (données 2012) : Lebreil 174 + Belmontet 148 + Valprionde 120 + Sainte-Croix 75. Soit 517. Et Montcuq tout court 1258. Si nous revenons à la période révolutionnaire (chiffres 1800) : Valprionde 738 + Belmontet 582 + Lebreil 517 + Sainte-Croix 413.
Soit 2250 habitants. Plus qu'à Montcuq alors à 1970. Plus qu'à Montcuq 2015... Conclusions ?

Avant toute fusion réaliste et honorable, ce genre de document aurait dû être réalisé... Avec l'implication des citoyennes et citoyens, consultés en 2014 dont les votes se portèrent sur des candidats engagés à "faire vivre" leur commune, électrices et électeurs trahis en 2015. Oui, il n'existe rien sur "Montcuq-en-Quercy-Blanc". Les sexagénaires n'allaient quand même pas s'intéresser à leurs administrés, sûrement priés de penser comme eux...

Nous ne pouvons rien espérer de "la bande des 7" dont le chef, le maire, Lalabarde Alain, résumait lors de ses vœux du 22 janvier 2016, sans sûrement réaliser le grotesque de l'aveu d'un clan monocéphale : *« c'est presque une bande de copains (...) On a un peu la même vision des choses. On est presque tous du même âge, pas loin, on pense à peu près, on pense pareil, pratiquement. »*
Nous ne pouvons rien espérer de ces "7 Montcuquois" : ils indiquent la route aux moutons de Panurge. Mais je continue, à explorer cet endroit, sa destruction étape par étape, et ce qui peut être sauvé. À suggérer une autre voie, fondée sur les

vraies richesses locales, et celles et ceux qui "souhaitent faire des choses", sans leur demander d'applaudir un chef ou trois générations d'ancêtres.

Ces gens-là seront balayés en 2020 par un sursaut démocratique ou l'enlisement se poursuivra ? Ce territoire mérite mieux que ces ridicules ambitions : redonnons vie, redonnons rêves, regardons nos belles pierres, nos lavoirs, pigeonniers, églises (onze… comme à Montaigu), sauvons nos ruisseaux de pratiques suicidaires, réinventons la ruralité…

Ainsi « *Soumissions à Montcuq (Belmontet, Lebreil, Sainte-Croix et Valprionde à genoux)* » fut publié dans l'urgence et "sans résultat", pour les quelques utopistes encore persuadés que les mots peuvent arrêter la marche forcée vers le mur des visionnaires de superette. Alors qu'il s'agissait uniquement de témoigner, la vigueur démocratique ayant disparu de ce territoire. Pourtant, ici et à la Révolution, *les manants* sont montés au château pour y brûler les papiers grâce auxquels la noblesse les asservissait… Mais tout cela est oublié. Nous vivons l'acte final d'une restauration… Il faut parfois toucher le fond de la piscine avant de remonter… Un clin d'œil à Serge Gainsbourg, revisité… Certains préfèrent Nino Ferrer… et ses cornichons.

Ainsi **Montcuq en Quercy Blanc**, plutôt qu'être un énième livre sur **Montcuq** constitue le premier sur **Montcuq en Quercy Blanc.**

Stéphane Ternoise
www.lotois.fr

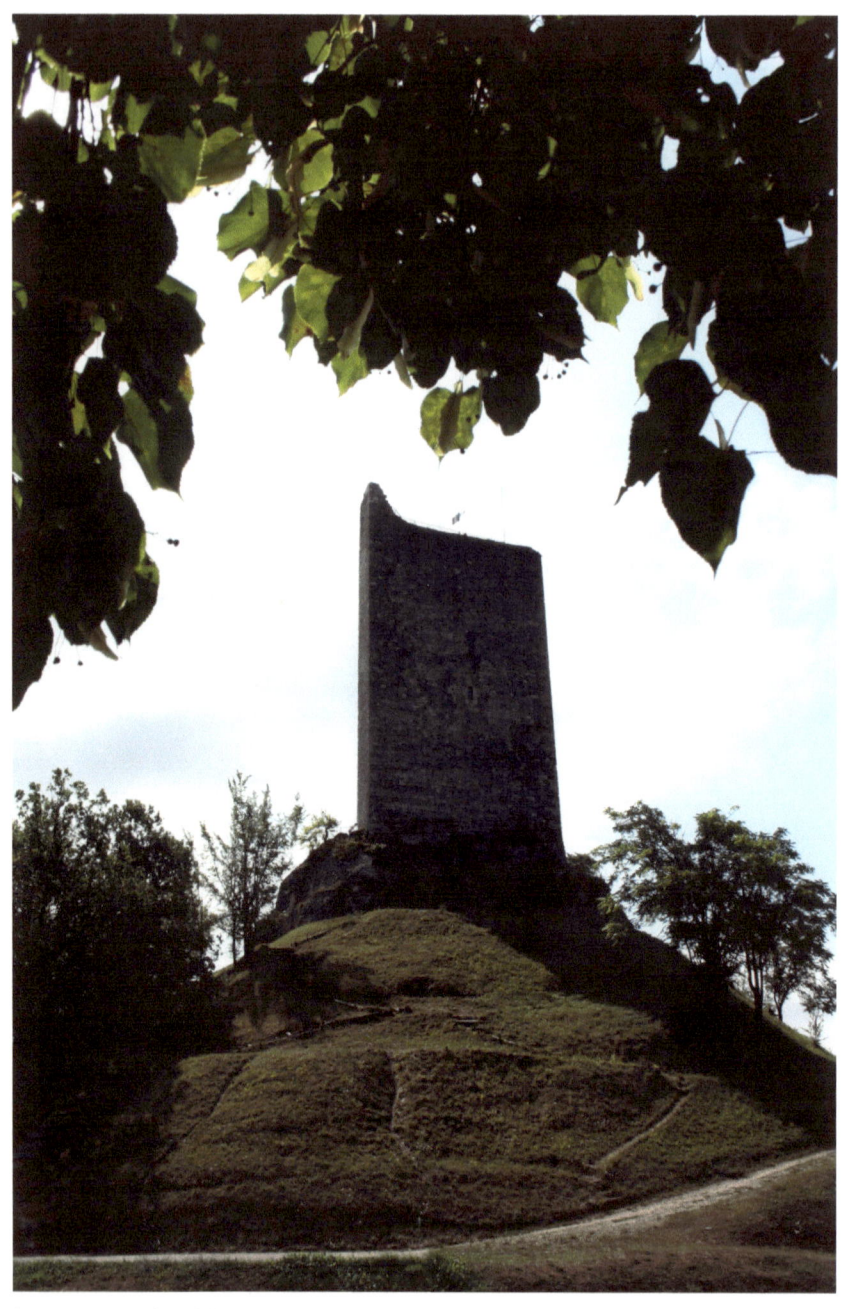

La tour de Montcuq tout court, se dresse, symbole de la féodalité rétablie...

C'est beau, Montcuq, la nuit ?

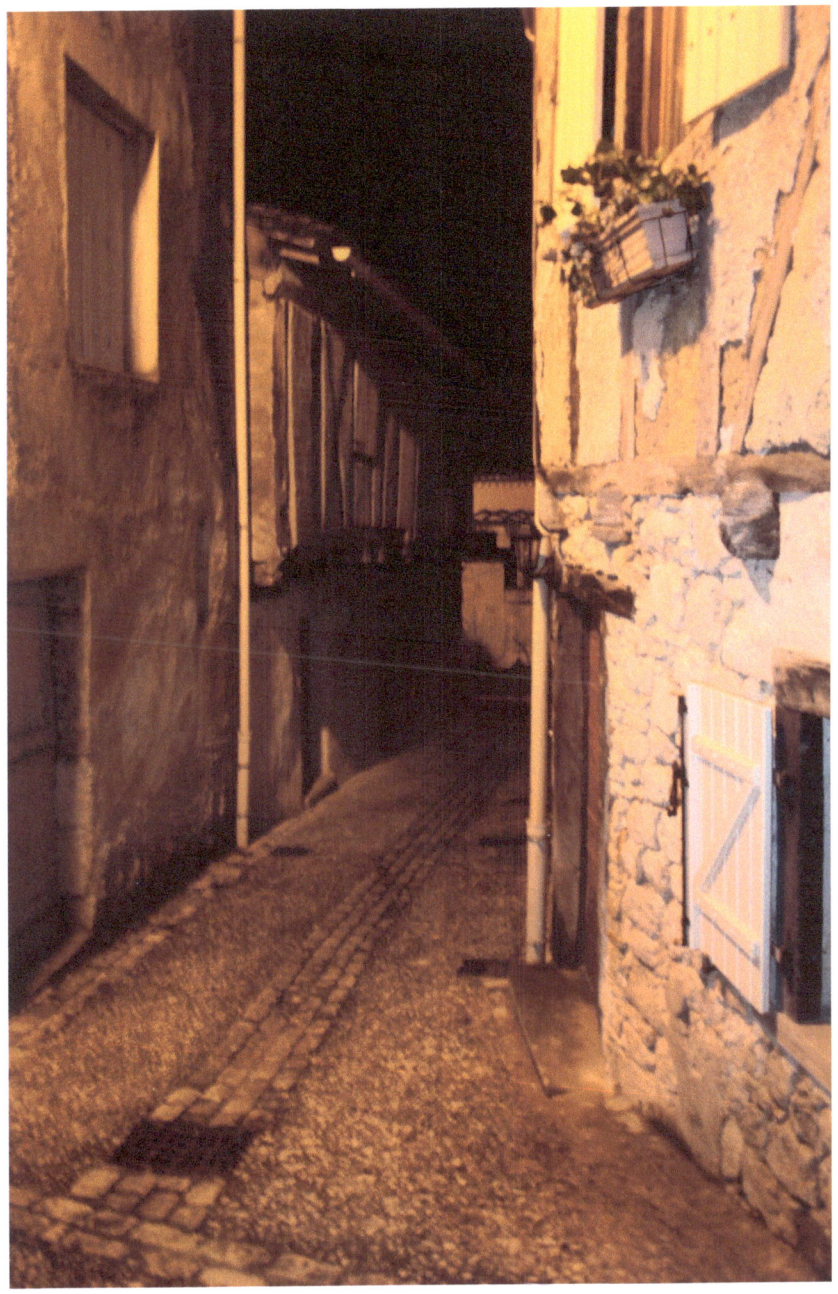

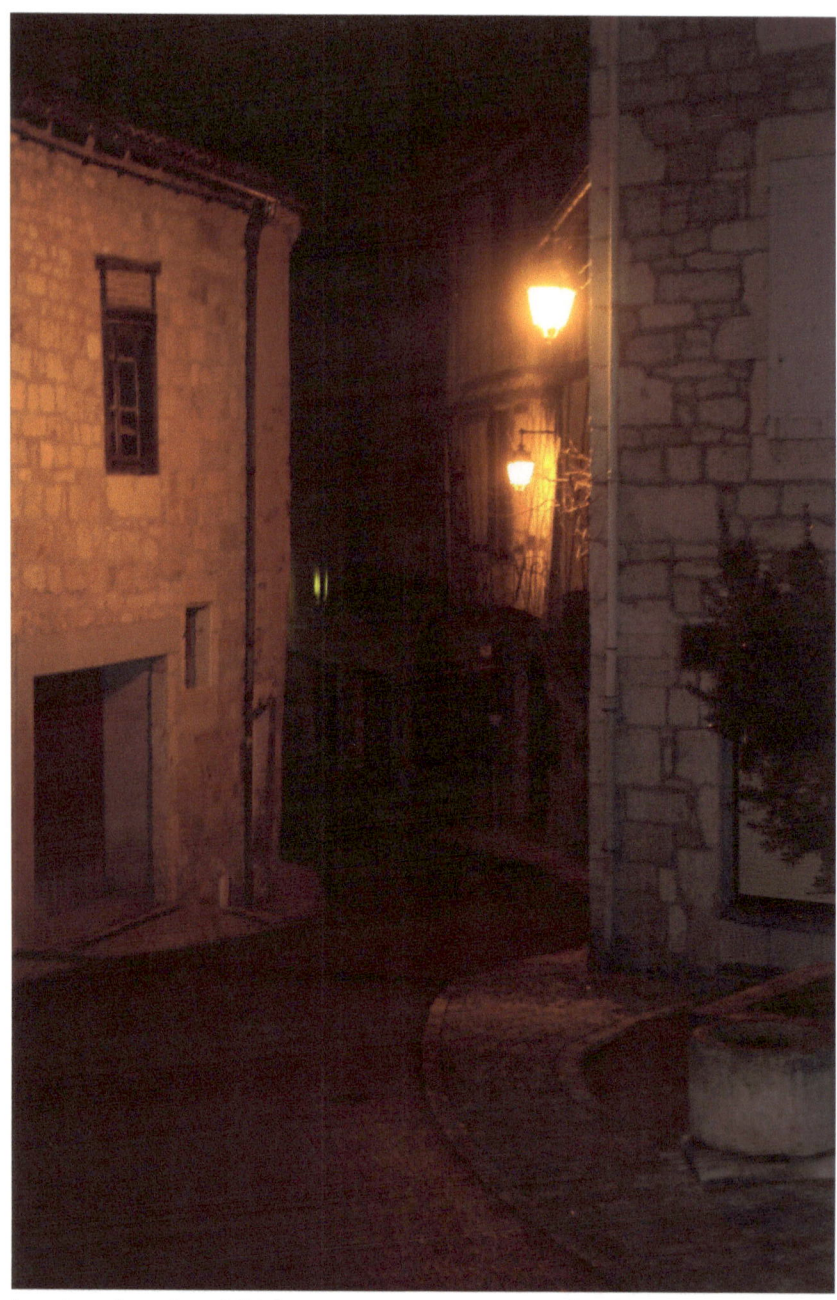

Le 1er janvier 2016, nous sommes entrés dans une longue nuit de la démocratie... Comme je l'exprimais le 12 janvier 2016 à madame la préfète du Lot : ils nous ont confisqué...

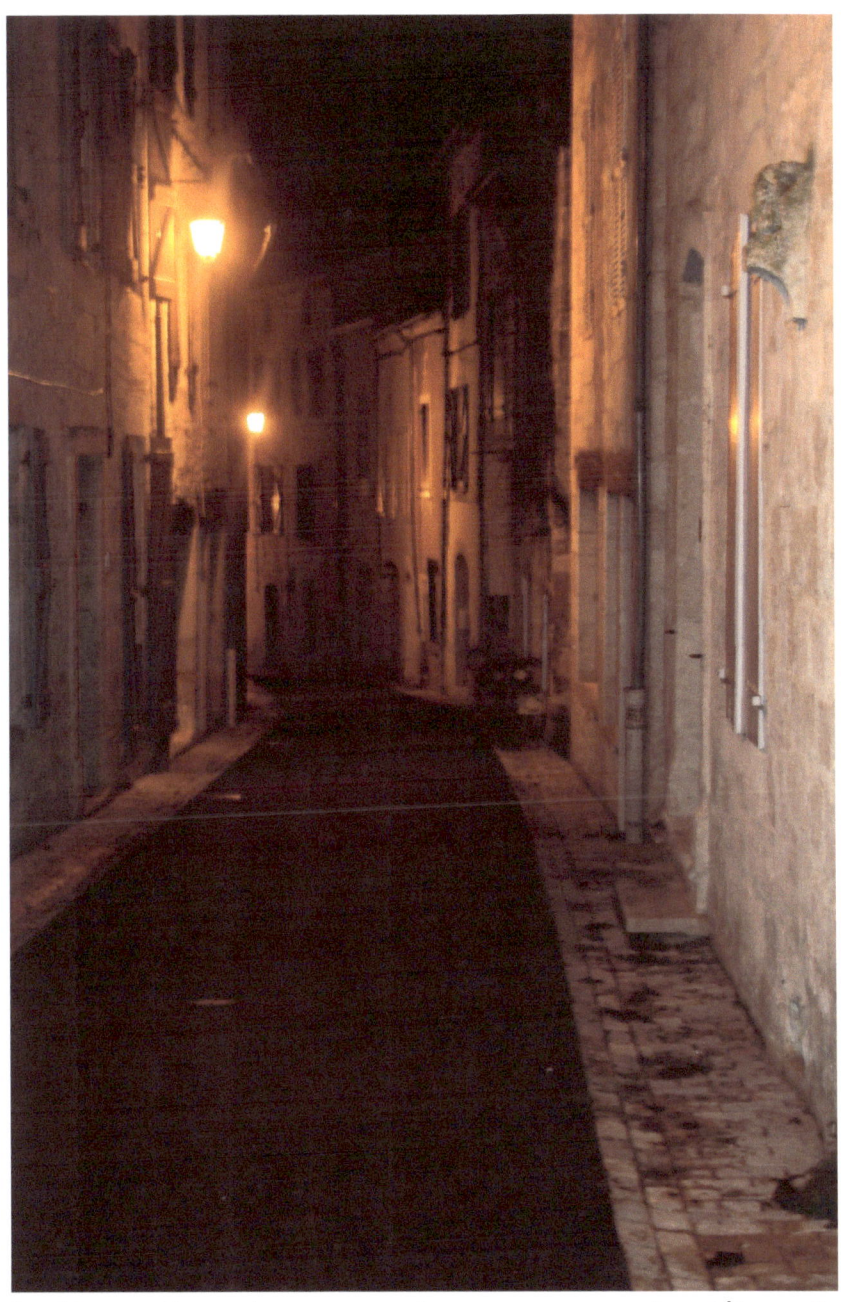

la démocratie mais nous ne devons pas nous inquiéter, elle nous sera rendue en 2020. Dans quel état ?
D'ailleurs Montcuq reste éclairée la nuit.

Il existait un canton de Montcuq

Le charcutage ayant abouti à la "disparition du canton de Montcuq" eut pour conséquence locale la suppression de sa "représentation" devant *l'espace animation* où les 55 devaient se réunir.

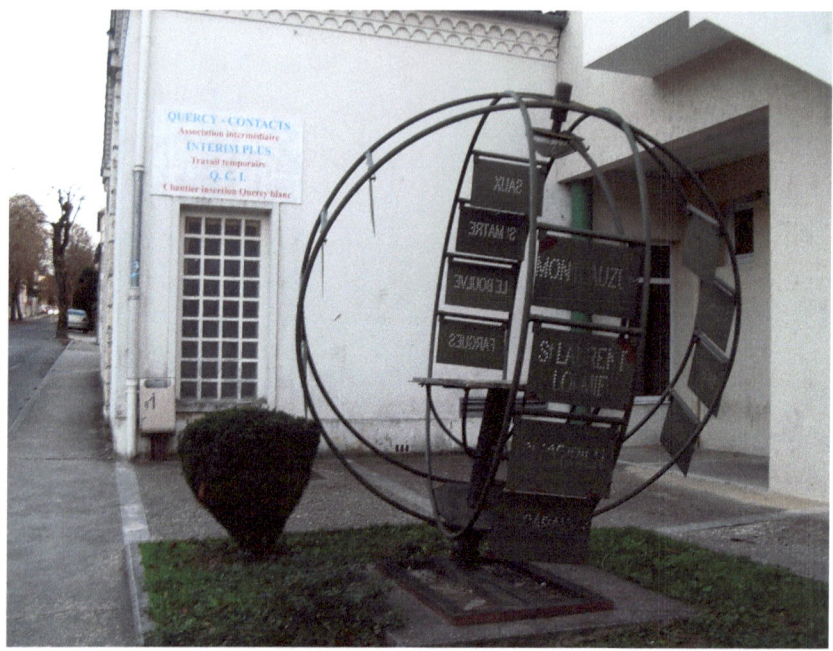

Après avoir imaginé sa préservation, j'ai retrouvé ce symbole en octobre 2015, pas loin de là, "derrière", près d'un conteneur de recyclage des ateliers municipaux. Nous vivons une époque de grand respect pour les créations artistiques, même si cette manière d'exposer les seize communes manquait, un peu, d'esthétisme.

Nul doute qu'avec 600 000 euros, l'équipe municipale récompensera un dévoué "artiste" en lui offrant la possibilité de réaliser une "œuvre"...

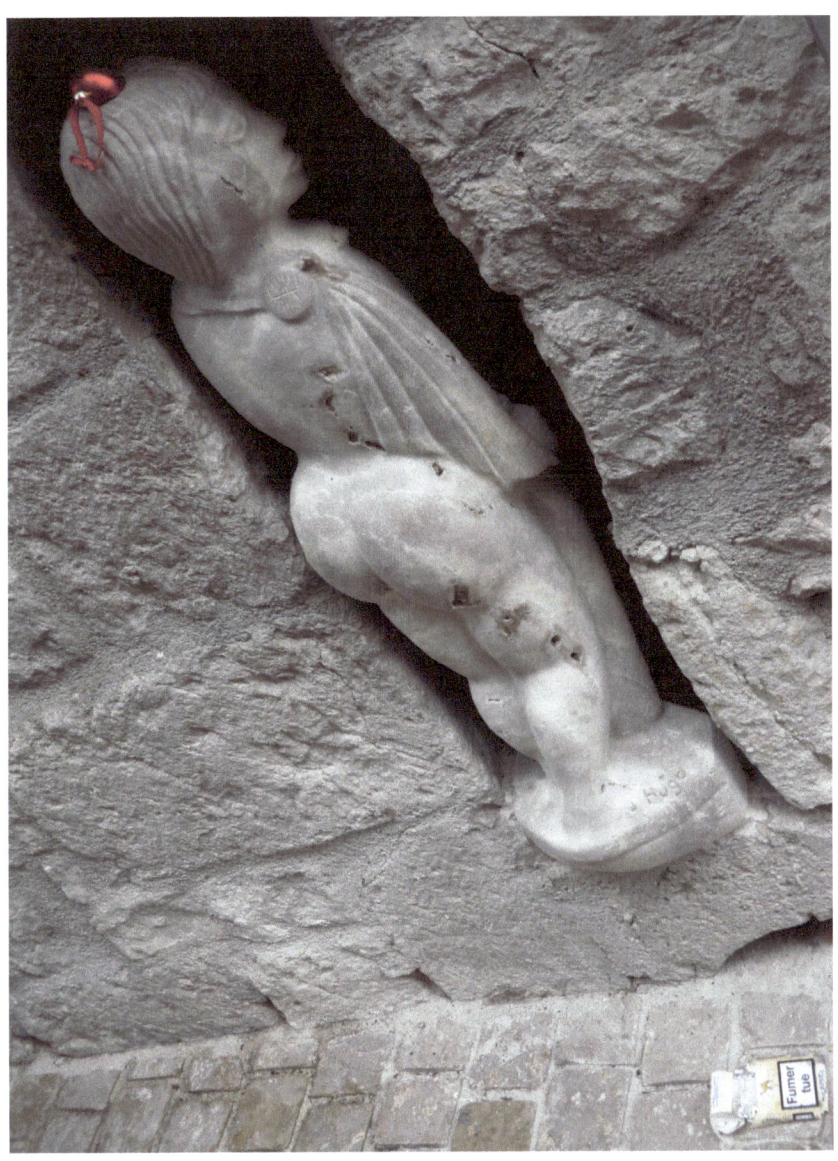

Manneken-Pis. "le gamin qui pisse", en bruxellois. Fontaine là-bas surmontée, depuis 1619, d'une statue en bronze, d'un petit garçon nu urinant. Le "M.-P." de M., en pierre, réalisé par "Hugo". Le plus choquant ? Le sculpteur l'a donné. Peu importe la qualité de l'œuvre, le don choque... En espoir de "bonnes relations" ?

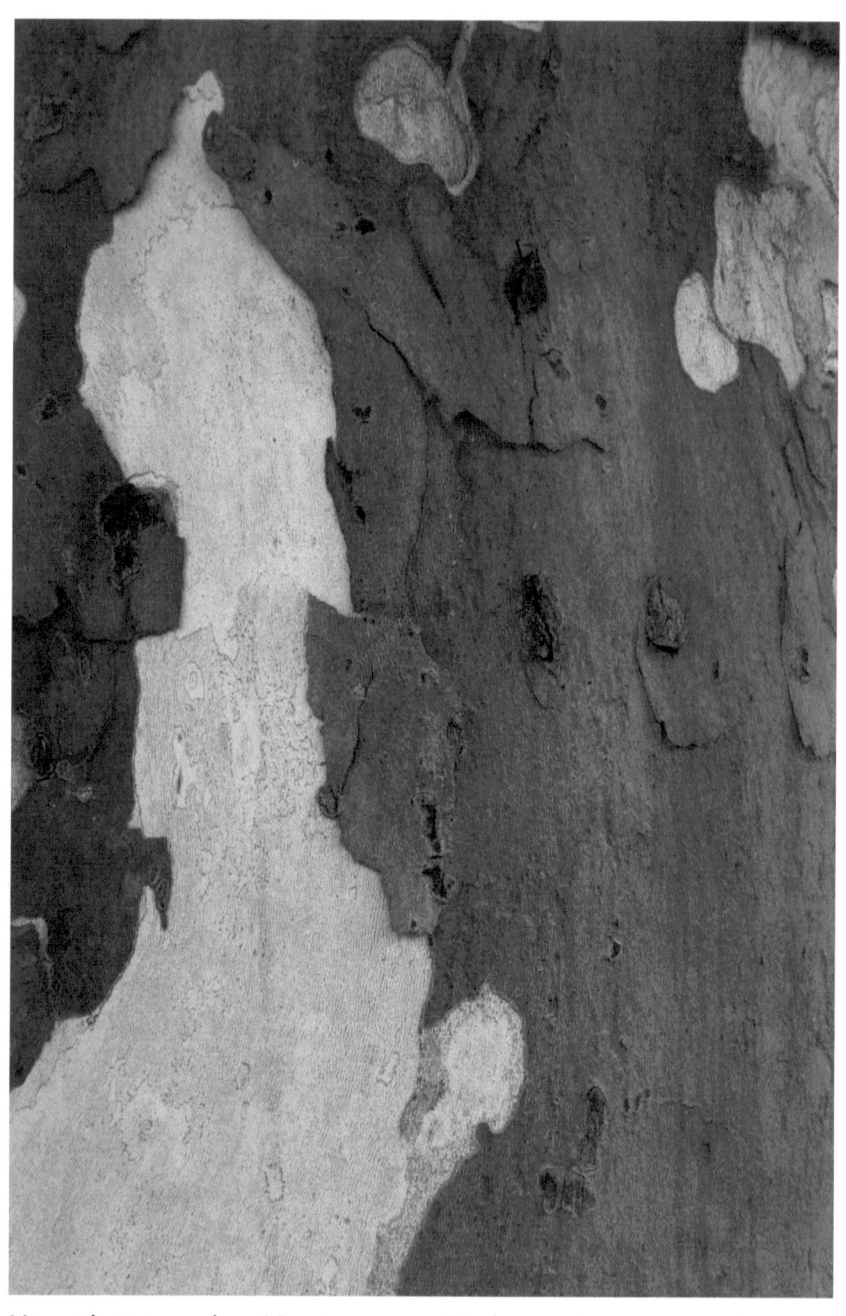

Un platane de Montcuq... Si la nature en plus se moque...

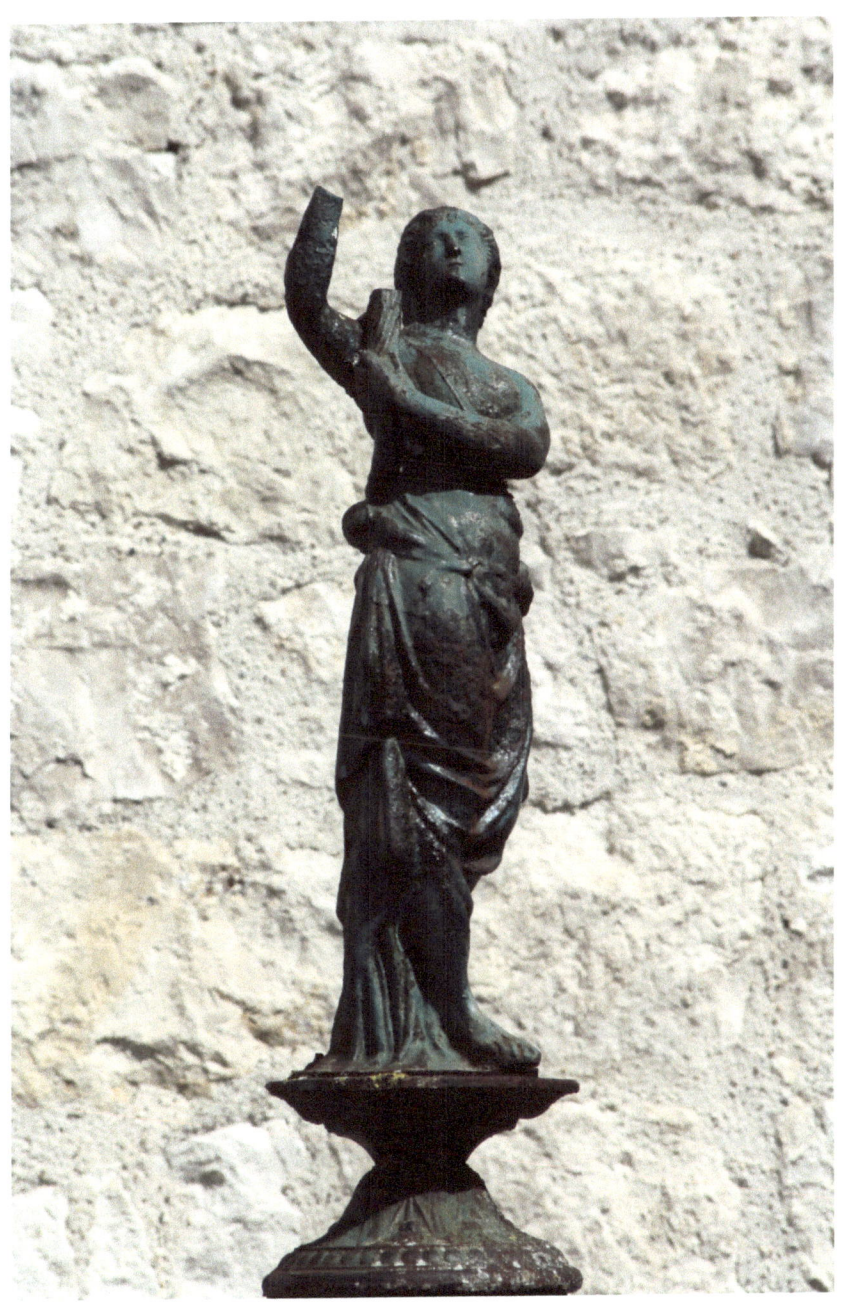

Le bras d'honneur de la fontaine sans eau.

Ce que fut le canton de Montcuq

La France est passée de 40 à 58 millions d'habitants de 1901 à 1999. Ce canton de 7656 à 3757. 51% d'évaporation. La bourgade la plus peuplée connaissant une érosion presque aussi importante. Si l'on retire Montcuq : 5788 à 2495, soit 57% d'évaporation.

Chiffres 1901--> 1999

Bagat : 366 --> 192
Belmontet : 303 --> 141
Le Boulvé : 534 --> 182
Fargues : 416 --> 149
Lascabanes : 519 --> 167
Lebreil : 291 --> 131
Montcuq : 1868 --> 1262
Montlauzun : 182 --> 117
St-Daunès : 407 --> 205
St-Laurent : 450 --> 202
St-Pantaléon : 544 --> 223
Ste-Croix : 233 --> 69
St Cyprien : 518 --> 309
St-Matré : 246 --> 122
Saux : 267 --> 133
Valprionde : 512 --> 152

7656 habitants en 1901 dans ce canton. 3 757 en 1999.

Montcuq 1262 + Belmontet 141 + Lebreil 131 + Valprionde 152 + Ste-Croix 69 : 1755.

Les derniers chiffres de l'INSEE fournissent 2012 : Montcuq 1258 + Belmontet 148 + Lebreil 174 + Valprionde 120 + Ste-Croix 75 : 1755. Etonnant mais on obtient le même total. Comme si la population avait dérivé de Valprionde à Lebreil.

Alors que le Conseil Municipal de Montcuq a communiqué sur une « **population totale (DGF) de 2110 habitants.** » Etonnant ?

La notion de "population DGF", pour *Dotation globale de*

fonctionnement" est "un peu" une construction de l'esprit même si elle repose sur des faits réels :
Ainsi :
- La population totale issue de l'authentification du recensement est forfaitairement majorée d'un habitant par résidence secondaire.
Ce nombre inclut les logements occasionnels mais non les logements vacants.
Au total, le nombre de résidences secondaires aboutit à majorer la population nationale d'un forfait de 3,1 millions d'habitants.
- La population totale est majorée d'un habitant par place de caravane située sur une aire d'accueil des gens du voyage...

La "population DGF 2010" atteignait ainsi 68 968 367 habitants contre 63 600 690 effectivement dénombrés au 1er janvier 2010.

Qui maîtrise cette notion de "population DGF" ? Communiquer sur ce chiffre de **2110 habitants** semble significatif de la méthode d'enfumage général utilisée. J'ai donc recherché "Montcuq aire d'accueil des gens du voyage." pour découvrir un simple article de leur dépêche, en décembre 2013 : « *Des aires de petits passages (moins de dix places) avaient été, également, prescrites sur Montcuq, Castelnau-Montratier ou encore Lacapelle-Marival. Là non plus, aucune réalisation d'entreprise.* »
Ainsi, il y aurait sur ces cinq ex-communes environ 2110 - 1755 soit 355 résidences secondaires. Comme l'argumente Blondin dans une chanson écrite dans la région : supprimez la taxe d'habitation et récoltez le même argent par celle d'inhabitation. Des résidences secondaires, c'est finalement préférable, non ? Ces propriétaires payent des impôts sans se mêler de politique. Les plus intéressants sont les hollandais et les anglais ?
Nous traversons une phase de nécessaire repeuplement

mais le département a géré le développement d'Internet en redoutant sûrement l'afflux de populations rétives à la politique politicienne. Ce qu'il fallait faire en l'an 2000, ils le prévoient pour 2025. Certains semblent se satisfaire du statut de parc de jeu pour fortunés (résidences secondaires)... Vivre ici est un défi. Encore plus dans le domaine culturel.

Le "coordinateur" a clairement expliqué sa volonté d'atteindre pour *Montcuq en Quercy Blanc* la taille de cet ancien canton.

Les chiffres suffisent à exposer l'incohérence d'un tel "projet." Population : 3 842 habitants. Superficie : 222,30 km2. Densité 17 hab./km2.

À rapprocher de Cahors 64,72 km2 et ses 19 991 habitants (309 hab./km2). Le grand Montcuq selon le coordinateur : presque quatre fois plus grand que Cahors mais même pas un cinquième de sa population.

Un espace ingérable où se créeraient d'inévitables "poches oubliées". Mais l'incohérence ne fut jamais un frein quand le dogmatisme et le besoin de manier de gros chiffres prévalent.

Début mai 2015, un article de M. Jean-Claude Bonnemère, dans *la Vie Quercynoise* a lancé la première pierre de cet édifice, prétendant « *Sur les seize communes que comptait l'ancien canton de Montcuq, quatre seraient déjà partantes pour créer une Commune Nouvelle.* »

Pourquoi une telle ambition ? L'interviewé présente "sa" commune : « *Ses moyens financiers lui permettent seulement d'assurer son fonctionnement.* »

En demande-t-on plus à une commune rurale de 150 habitants ?

Le journaliste avance une petite restriction :
« *- La commune conserve un ancrage fort dans l'esprit collectif et auprès des élus ; pensez-vous que cette évolution soit facile à mener à bien ?*
- Les discussions que nous avons entre élus montrent

que la plupart d'entre nous ont conscience des réalités économiques qui s'imposent à nos modes de gestion. Certes, il y a des réticences, mais elles viennent surtout de la part des élus les plus anciens.
- Selon votre raisonnement, la Commune Nouvelle apparaît comme une opportunité à saisir, particulièrement en milieu rural. Pourquoi?
- Oui, il s'agit d'une opportunité pour toutes les communes qui veulent aller de l'avant, avec l'intention de bâtir ensemble un projet de développement, qui ne serait pas envisageable, si chacune restait isolée dans son coin. »

Que signifie « aller de l'avant » pour ce maire ?
Naturellement, des mots vides ponctuent un questionnement réel : « *Quel est le principal avantage que vous attendez d'une telle démarche ?* » Ce fut un providentiel : « *Gagner en dynamisme et efficacité économique ! Grâce à la Commune Nouvelle, nous pouvons développer une vision structurante de l'organisation territoriale. Ceci est d'autant plus important pour l'avenir, que la communauté de communes n'est pas en mesure d'apporter l'élan attendu à ce niveau.* »

Patrice Caumon aurait voulu un grand Montcuq à seize, il semble déjà jubiler du "Montcuq en Quercy Blanc" à cinq.
« *Une vision structurante de l'organisation territoriale.* » Meuh !

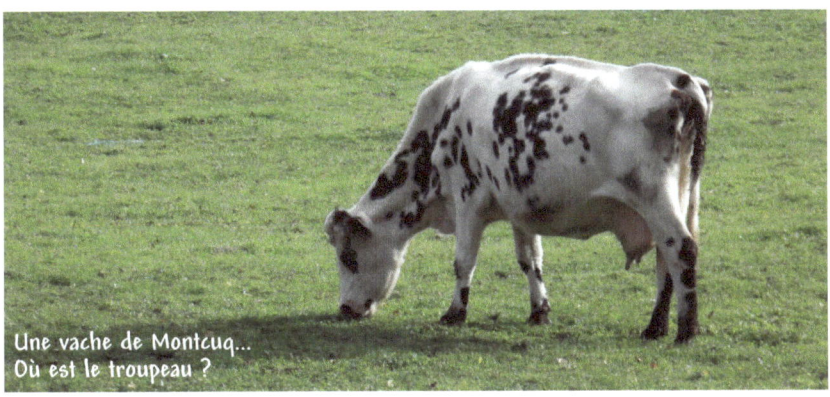
Une vache de Montcuq...
Où est le troupeau ?

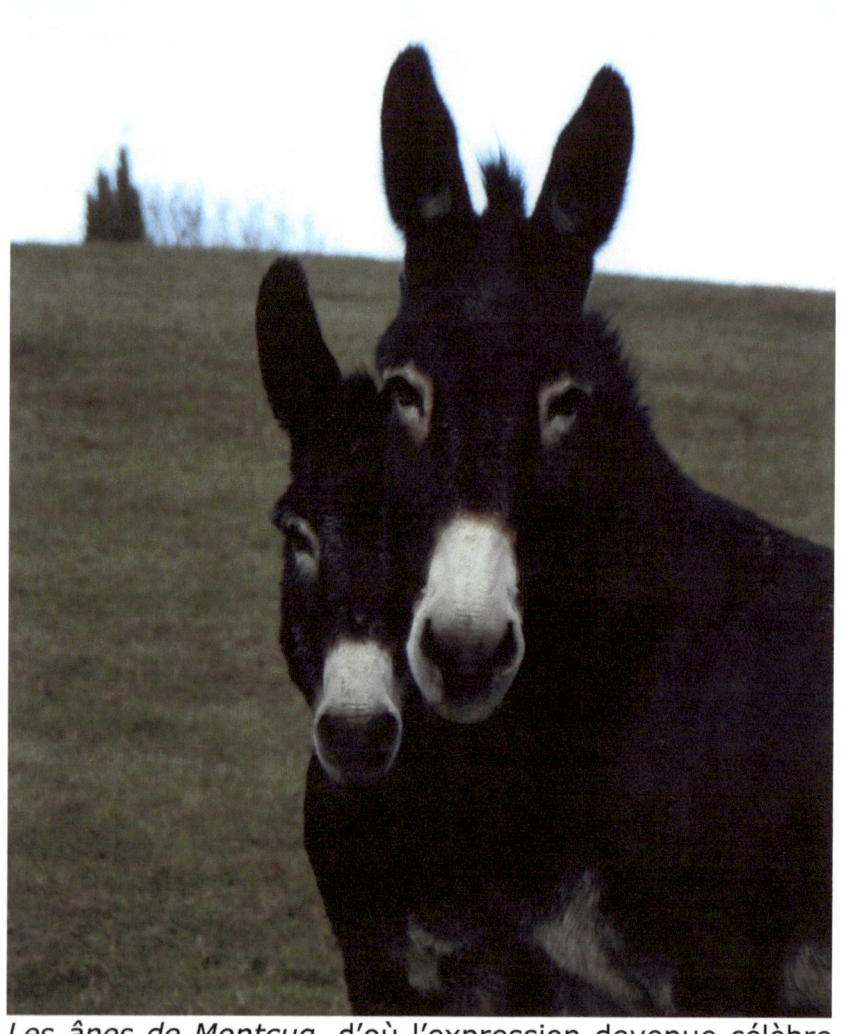

Les ânes de Montcuq, d'où l'expression devenue célèbre au pays de l'humour petit-rapporteur : *un âne peut en cacher un autre*. Même si cette photo me vaut quelques "retours de bâton", elle se devait de figurer dans ce livre : elle appartient à l'histoire, départementale. Et ils tellement mignons ! Qu'ils me pardonnent (les ânes).

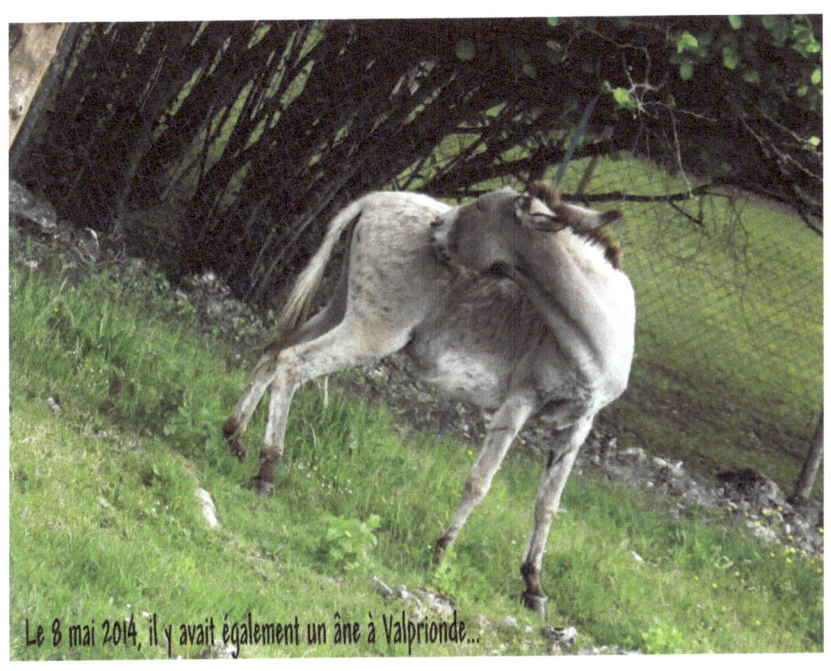

Le 8 mai 2014, il y avait également un âne à Valprionde...

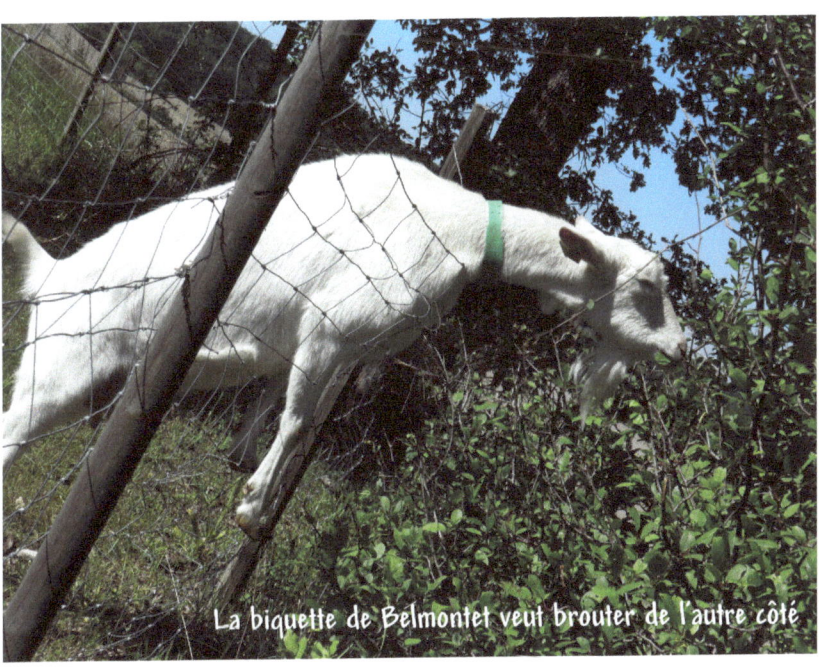

La biquette de Belmontet veut brouter de l'autre côté

Les derniers Mohicans ruraux...

Comment vivre ici ?
Une *commune nouvelle* avec des quartiers de résidences secondaires ?

Catégories et types de logements en 2012

Montcuq (823 logements)

Résidences principales 574 (69,7%)
Résidences secondaires et logements occasionnels 143 (17,4)
Logements vacants 106 (12,9%)

Lebreil (107 logements)

Résidences principales 76 (71%)
Résidences secondaires et logements occasionnels 28 (26,2%)
Logements vacants 3 (2,8 %)

Sainte-Croix (69 logements)

Résidences principales 43 (62,4%)
Résidences secondaires et logements occasionnels 20 (29,3%)
Logements vacants 6 (8,4%)

Belmontet (113 logements)

Résidences principales 65 (57,6%)
Résidences secondaires et logements occasionnels 34 (30,4%)
Logements vacants 14 (12,0%)

Valprionde (131 logements)

Résidences principales 59 (45%)
Résidences secondaires et logements occasionnels 59 (45,1% selon l'insee ! Il faut bien arrondir quelque part...)
Logements vacants 13 (9,9%)

45% seulement des habitations "ouvertes toute l'année". Naturellement, l'instauration d'une taxe d'inhabitation rédhibitoire ne semble pas des les cartons de députés et sénateurs sûrement propriétaires de résidences secondaires. Ce serait là un moyen d'opérer une redistribution avec une taxe d'habitation incitative dans les campagnes. Mais l'aménagement du territoire doit être laissé entre les mains des élus des villes !

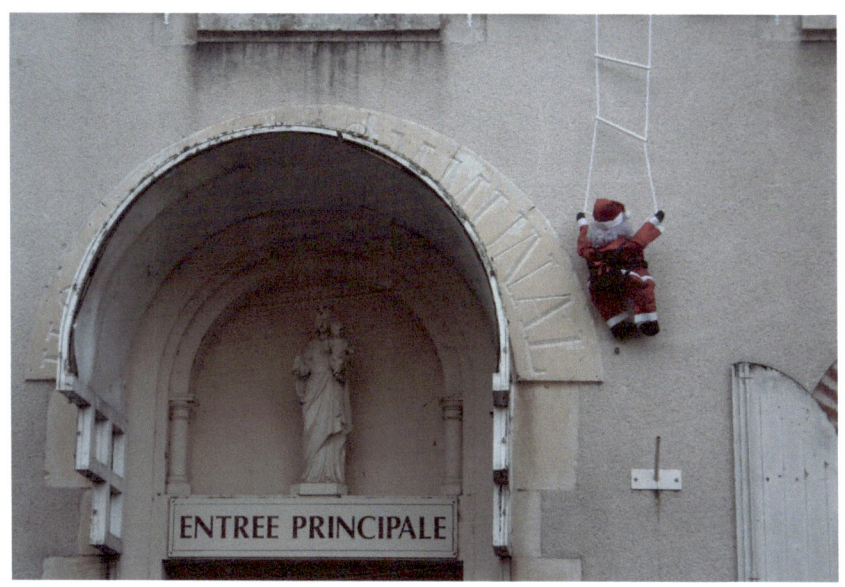

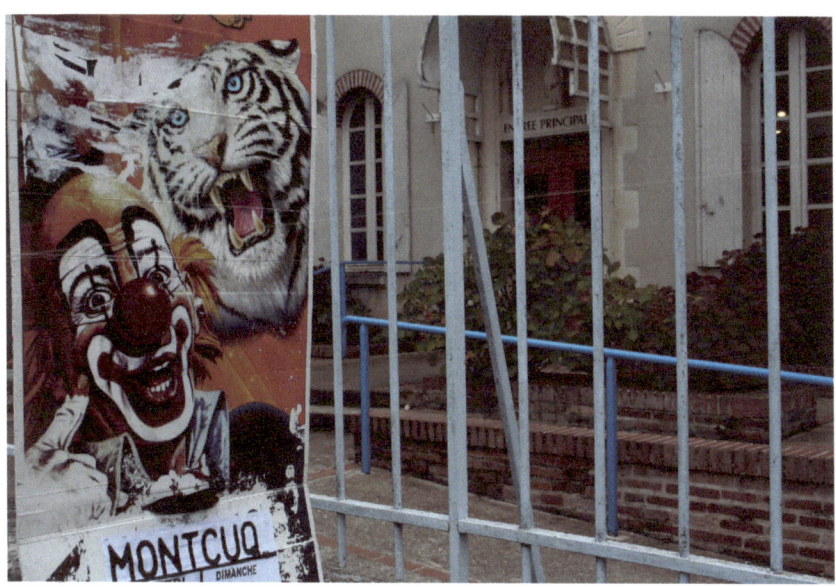

Un grand cirque mais il faut croire au père Noël... La maison de retraite de Montcuq-tout-court et son gouffre abyssal... Quatre villages sans dette ponctionnés...

La fusion, tout le monde y fut favorable ?

« *Vous attirez l'attention sur les restructurations territoriales à juste titre. Comme beaucoup d'autres légitimement indignés serez-vous entendu ?*
Permettez-moi d'en douter. Dans ces moments de grande tension budgétaire il suffit de promettre trois sous de dotation (et pour combien de temps ?) en plus à une commune pour qu'elle se laisse séduire par quelques politiciens habiles certes, mais dont la pertinence de la vision de l'avenir reste encore à démontrer. Il suffit de constater l'incohérence des récentes modifications territoriales pour constater que leur unique justification n'est que politicienne (...) On se préoccupe de structures mais pas de création ou au moins de maintien d'activité, parce que l'on croit ici, et à mon humble avis à tort, que seuls "les pouvoirs publics" créent l'activité alors que la lourdeur des structures qu'ils nous infligent la freine.
En deux mots, on croit aux délires mensongers des hommes providentiels et pas aux mesures économiques rationnelles et scientifiques de plus expérimentées avec succès ailleurs.
Merci de vos interventions et bon courage: Ce pays manque de lanceurs d'alerte et de confiance en lui-même. »
Michel Roumégoux, notre ancien député.

« *Je partage le même désarroi que vous.*
Nous sommes pris dans une mécanique folle. »
Roland Hureaux, candidat à la mairie de Cahors en 2014, créateur du mouvement "*Touchez pas à ma commune*".

« *Effectivement, tout va très vite, trop vite... Fermeture d'écoles communales, volonté de la part de l'éducation nationale de tenter de supprimer des collèges... Et maintenant, au tour de communes rurales qu'il nous faudrait annexer à une commune plus importante.*
Je suis totalement opposé à ce processus qui va dans le sens de la perte totale d'identité de nos territoires ruraux et le grossissement de l'urbain.

Des hommes et des femmes ont sué sang et eau pour rendre attractives leurs communes et des habitants heureux.
Depuis un moment, on ne nous parle que de mutualisation, de dotation, en oubliant l'essentiel : l'humain qui va perdre totalement ses repères et qui va être mangé à une sauce bien indigeste.
Actuellement, on nous dit que cela se fera à travers le volontariat mais je crains pour la suite.
De nombreuses communes sont opposées à ce processus mais jusqu'à quand ?
Personnellement, je lutterai tant que je pourrais avec mes amis élus.
Voilà Mr TERNOISE quel est mon sentiment. »
Marc Gastal, notre conseiller département masculin. Pourtant, présent le 22 janvier 2016 aux vœux du maire de Montcuq-en-Quercy-Blanc, il ne s'est pas empressé de venir me saluer, ce qui aurait sûrement été perçu comme un acte symbolique.

Ces avis auraient mérité d'être connus des conseillers municipaux ? Sûrement pas, car si les gens étaient informés, ils pourraient mal voter, comme à Lascabanes !
Leur dépêche nota : « *Le conseil municipal de Montcuq doit se réunir aujourd'hui, à 20 heures [29 septembre 2015], à la mairie, avec un ordre du jour chargé. (...) À noter que vendredi 25 septembre le conseil municipal de Lascabanes a voté contre l'adhésion à la nouvelle commune à une très large majorité (un seul vote favorable), arguant du fait que les délais étaient trop courts et que le projet manquait encore de maturité. L'étude de faisabilité a également été jugée incomplète.* »

Cette "étude de faisabilité", peut-être les électrices et électeurs de Montcuq, Sainte-Croix, Valprionde, Lebreil et Belmontet la jugeraient incomplète...

Des pigeonniers et des pigeons

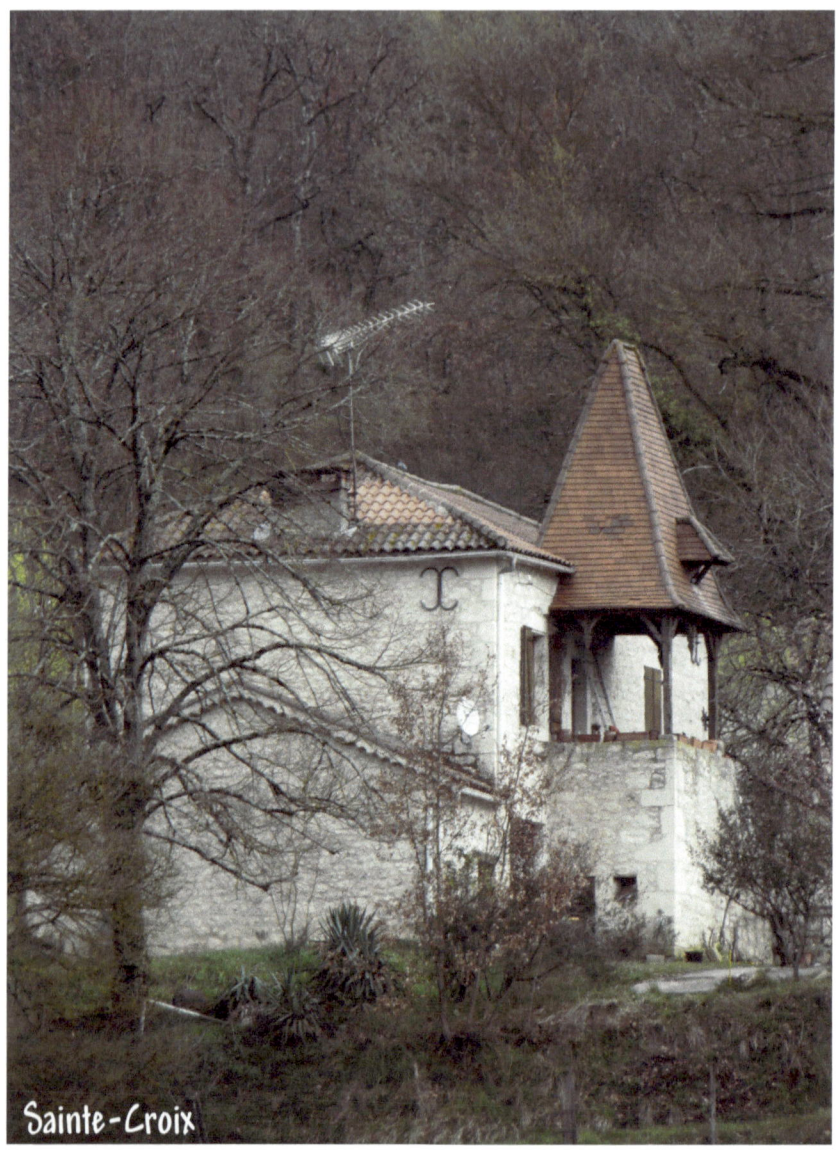
Sainte-Croix

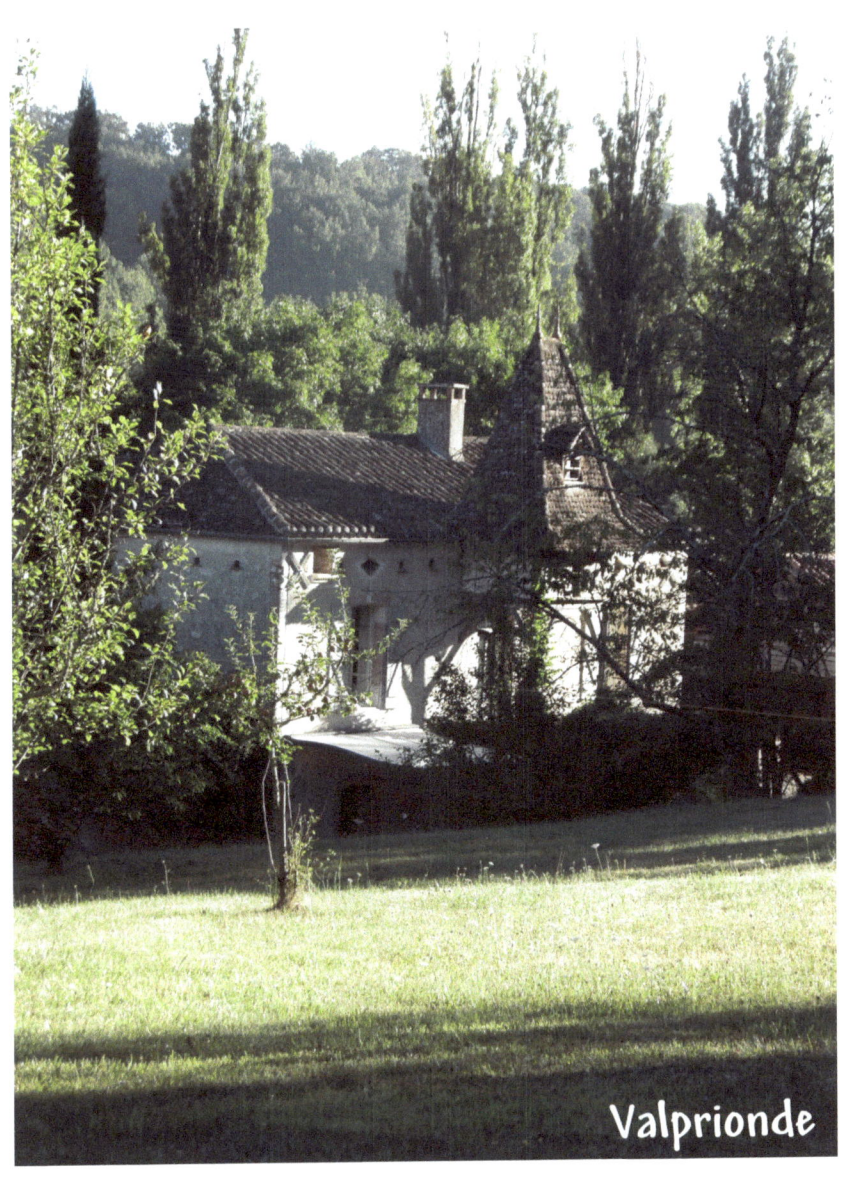

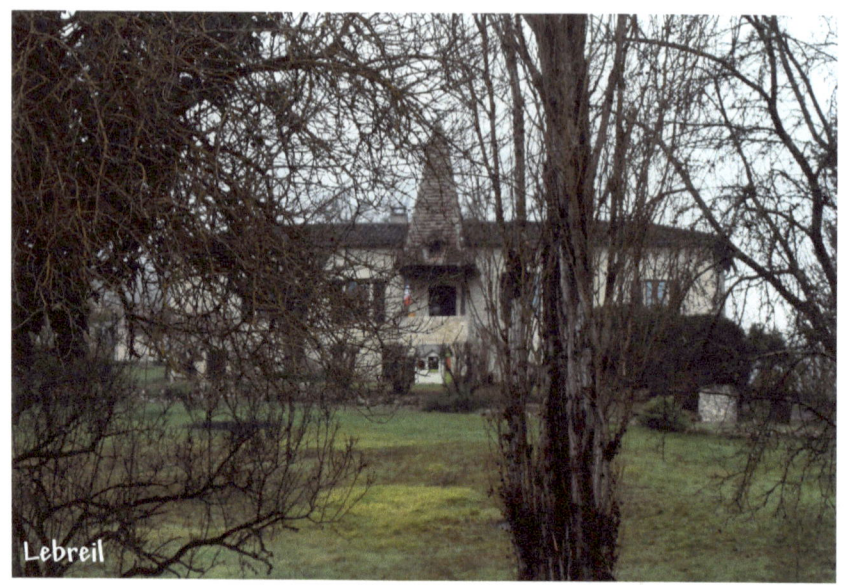

Le docteur Alfred Cayla dans « *l'habitation rurale du Quercy* » (première édition 1945) présentait déjà ce « *pigeonnier-bolet de la région des Vaux.* »

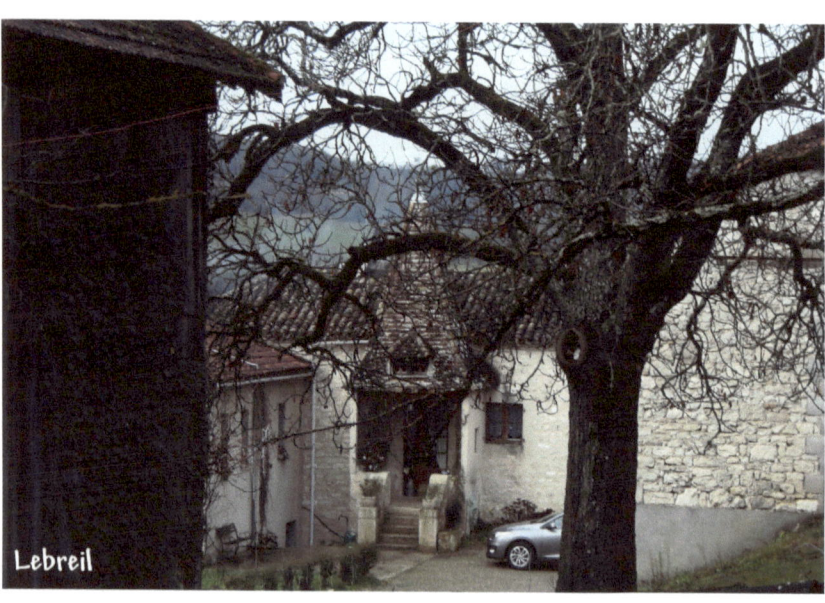

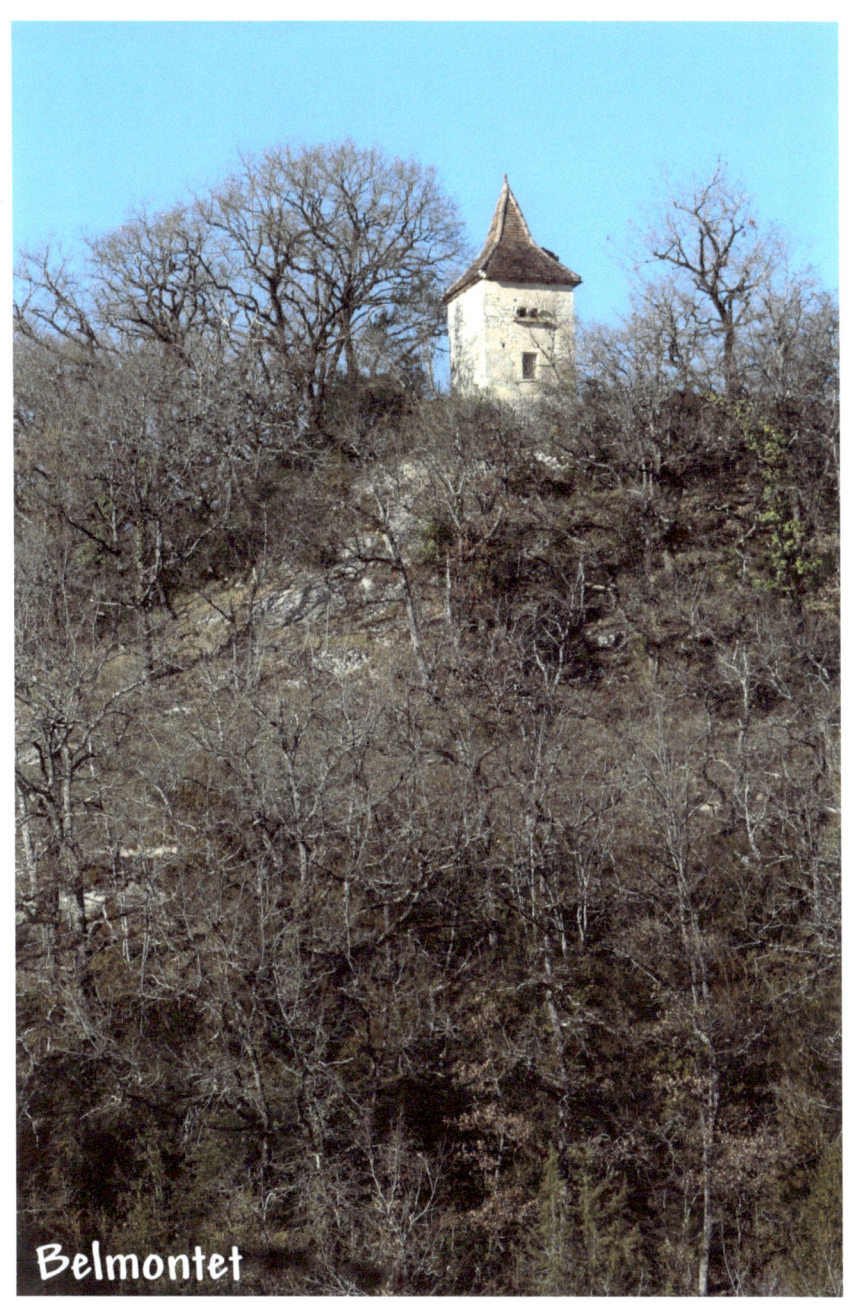

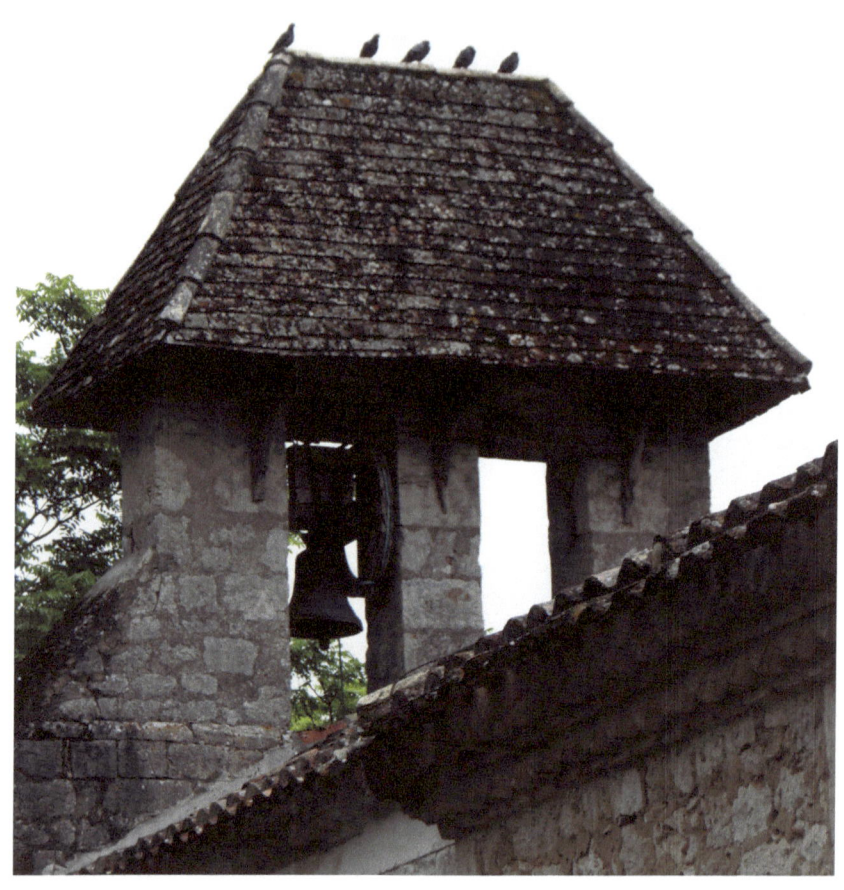

Le clocher-mur de Saint Géniez.

Le fossoyeur des patelins

J'suis l'fossoyeur des pat'lins
Le gars moderne, rural mais citadin
Une résidence secondaire
J'connais leur terre
Jeune retraité avoir conquis
Leur minable petite mairie
Bien sûr j'ne leur ai rien dit
Du grand programme de leur agonie
Du passé faisons table rase
On les écrase
Les villages vont fusionner
Nos grandes villes doivent les absorber

J'bouche les trous, les p'tits trous, la mort des p'tits trous
Des p'tits trous, tas d'cailloux, la fin des tas d'boue
Les trous tous à la casse
Les trous nous agacent
J'me dévoue, ces p'tits trous, la mort des p'tits trous
Des p'tits trous, tas d'cailloux, la fin des tas d'boue

J'suis l'fossoyeur des patelins
La France doit s'moderniser on l'sait bien
On s'fout d'nous sur la planète
On s'paye not'tête
Avec nos communes confettis
Nos maires sans idéologie
J'vais donner à la France
Un exemple concret de bonne gouvernance
Quand l'auditoire divague
J'sors mes blagues
On les entube sans vaseline
Les ruraux aiment la discipline

Pour m'sortir de ce trou et ses vieux jaloux
Les p'tits trous, j'les dissous, j'donne des interviews

On me sait de taille
Gagner la bataille

En venant d'un p'tit trou les mettre à genoux
D'la commune nouvelle, devenir grand manitou

Les petits trous on les dissout
D'un très grand trou, grand manitou

J'suis l'fossoyeur des pat'lins
L'ambitieux vous mettra tous dans l'pétrin
Je me marre, oh la belle claque
Tous dans l'même sac
J'ai d'mandé qu'on m'incinère
J's'rai jamais dans leur cimetière
Les Boris Vian du futur
N'auront qu'à cracher dans la nature
J'sais bien qu'au bout d'ma route
La déroute
Mais je peux vous jurer qu'avant
J'détruirai le monde paysan

J'veux plus d'trous, c'est l'dégoût, troublants petits trous
Maudit trou où j'ai grandi, j'suis né dans un trou

J'les écoute geindre
Je n'vais pas les plaindre
Leur p'tit trou, ce p'tit trou, il est à genoux
Belle revanche, les vieux fous, m'surnommaient pioupiou
J'en suis l'dernier grand marabout
Rayé de la carte ce p'tit trou et ses vieux fous
Comme tous les trous, les petits trous, j'déteste les trous

(Adaptation de : *Le Poinçonneur des Lilas*)
Auteur - Compositeur : Gainsbourg Serge)

> Pour toute interprétation publique, la déclaration sacem est obligatoire :
> **Le fossoyeur des patelins** (Stéphane Ternoise)

Ils y furent favorables... vraiment ?
Les conseils municipaux de la mort des villages...

Pourtant le mépris des territoires ruraux aurait dû sauter aux yeux de tous quand *La Vie Quercynoise* titrait « *Une Commune Nouvelle en devenir autour de Montcuq* » en avril 2015, en débutant par « *Patrice Caumon, maire de Valprionde jouant le rôle de coordinateur, nous explique le sens de cette démarche, à ses yeux inéluctable, tel un avenir tout tracé.* »

« *- Qu'adviendra-t-il alors, des communes actuelles ?*
- Elles seront identifiées comme territoire, un peu à la manière d'un quartier de grande ville, avec leurs bureaux de vote, leurs permanences régulières pour les habitants. Dans un premier temps, les communes deviendront communes déléguées jusqu'aux prochaines élections dans cinq ans. »

Ce n'était pas suffisamment clair ? Rattacher les quartiers ruraux à un centre "touristique" !

À la question « *Quel pourrait être le nom de cette Commune Nouvelle ?* », il évacuait toute discussion : « « *Montcuq en Quercy Blanc* », *tout simplement.* » Hé oui, tout simplement.

Les informations circulent peu. Sur le refus de Saint-Laurent-Lolmie de participer, son maire, Didier Boutard résumait la méthode dans le même hebdomadaire : « *Pour pouvoir créer une Commune Nouvelle, à mon avis, il faut un équilibre entre communes, afin que le budget et les investissements soient équitablement répartis entre ces dernières, ainsi qu'une relation de confiance, entre élus. Or, cette confiance n'a pas été respectée, pour le projet de Commune Nouvelle de Montcuq, en raison du fait que les élus qui émettaient des doutes, n'ont plus été conviés aux réunions préparant la constitution de cette nouvelle entité.* »

Si Montcuq naturellement était ouvert à l'afflux de contribuables à niquer (rayez et remplacez par pressurer si j'exagère), son maire avait besoin d'un collègue pour réaliser le sale boulot. Ce fut celui de Valprionde dont les ambitions personnelles furent contrariées par un Parkinson visible. Lebreil et Belmontet semblent avoir rapidement cédé, adhéré. Quant à Sainte-Croix et sa Madame Sabel, auréolée de son poste de suppléante de la veuve de Daniel Maury au conseil départemental, il fut nécessaire, semble-t-il, pour convaincre son conseil municipal, de lui promettre un beau poste à "Montcuq en Quercy Blanc". Ce fut n°2.

Il fallut s'en référer à *La vie Quercynoise* du 7 octobre 2015, car l'absence sur les panneaux d'affichage de compte rendu du conseil municipal ayant approuvé la fusion, fut la règle ! « *vote favorable des conseils municipaux de Montcuq (l'unanimité), de Ste-Croix (l'unanimité), de Valprionde (9 pour et 1 abstention), de Belmontet (6 pour et 3 abstentions) et de Lebreil (7 pour, 1 contre et 3 abstentions) au projet de Commune Nouvelle « Montcuq-en-Quercy Blanc », qui verra le jour le 1er janvier 2016, après arrêté préfectoral.* »

Ce n'était pas la stricte réalité. Montcuq, naturellement, s'est enthousiasmé pour le bal des gogos...

L'article de leur dépêche était péremptoire « *Montcuq en Quercy blanc va voir le jour.* » Débutant par « *Le maire de Montcuq Alain Lalabarde a toutes les raisons d'être satisfait. Lors de la réunion de mardi 29 septembre, son conseil municipal a voté à l'unanimité pour la création d'une commune nouvelle, «Montcuq en Quercy blanc», à compter du 1er janvier 2016. Avant le vote, le maire a défendu avec conviction l'élargissement de sa commune aux communes de Valprionde, Sainte-Croix, Lebreil et Belmontet, soit 2 110 habitants (DGF). Certes par sa population, ses services et ses commerces, Montcuq a le beau rôle. Mais selon le maire, il s'agit «de s'unir pour être plus forts, de mutualiser les moyens et les services, et de permettre aux petites communes de survivre, de mener à terme leurs projets, et de définir leur propre avenir.»* »

Quelle condescendance dans ce « *permettre aux petites communes de survivre* » d'un homme n'ayant même pas le courage (disons) de se présenter devant les villageois. Le quotidien n'a pas fouillé dans les documents, se contentant d'un consensuel : « *La fiscalité et les taux, différents selon les communes, seront lissés «en douceur» sur douze ans. La totalité des indemnités des élus des cinq communes passera de 86 000 € actuellement à 60 000 € dans le futur organigramme, ce qui dégage une économie permettant de financer une embauche.* » Une embauche quand il s'agissait d'économiser ! Il pense à un ami ? Une amie ?

Dans leur Dépêche il y eut pourtant Patrice Caumon : « *Sauver et dynamiser notre territoire* » avec un magnifique « *Au fur et à mesure des départs des fonctionnaires territoriaux nous optimiserons les ressources de la nouvelle organisation.* »

Il fallait donc comprendre : au fur et à mesure des économies et bonifications, nous dilapiderons ?...

Sur l'avenir, il convient de savoir « *Après 2020, tout change. Le nouveau conseil sera élu selon le traditionnel scrutin de listes, avec un seul maire et 19 adjoints et conseillers qui siégeront, la difficulté étant d'assurer une bonne représentativité de toutes les communes. Une mairie annexe dans chaque ancienne commune conservera les fonctions d'état civil.* »

Quant au compte rendu de « transitioncitoyennequercyblanc.org », qui semble provenir d'élus de la liste conduite en 2014 par Charles Farreny, il affirmera « *La nouvelle commune entrera en vigueur en 2020, son CM sera élu a la proportionnelle et comprendra 19 membres.* »

Et pour finir « *Une réunion publique d'information va avoir lieu.* » Donc après le vote plébiscite de son Conseil Municipal, monsieur le maire présentera le dossier à ses administrés, auxquels pourrait être reprochée la tiédeur dans les acclamations pour le bon tour joué aux manants. Ce fut le 22 janvier 2016 !

Sainte-Croix

Conseil Municipal
Compte rendu de réunion du 10 septembre 2015.

Présents : Madame le maire : SABEL Marie-José
1er adjoint : RENOUX Martine
2eme adjoint : BECQUART Alain
Conseillers : SAVAGE Edward, TAMLYN Diana, LACOMBE Pauline, LAGARD Ludovic.

Secrétaire : RENOUX Martine
« 1°) COMMUNE NOUVELLE

Les communes de Montcuq, Valprionde, Belmontet et Lebreil envisagent de se regrouper pour former une commune nouvelle « Montcuq en Quercy Blanc ».
Le territoire de la commune de Sainte-Croix se retrouve enclavé dans cette nouvelle commune et de ce fait, Sainte-Croix a été sollicitée pour adhérer à cette nouvelle commune.
Le conseil municipal n'était pas favorable à cette adhésion mais Madame la Préfète a décidé d'inclure d'office notre commune à cette nouvelle commune.
Au vue de cette décision, Madame le Maire propose au conseil municipal de rejoindre la commune nouvelle afin de participer aux études et de faire valoir ses droits.
Madame le Maire lit au conseil municipal la Charte de la commune nouvelle et donne des explications concernant la fiscalité et la gouvernance. Elle propose au conseil municipal de s'exprimer par un vote secret ou de se donner un temps de réflexion. Le conseil municipal décide de se prononcer le jour même et à main levée. Le conseil municipal part 6 voix pour et 1 abstention se déclare favorable à l'adhésion à la commune nouvelle. La délibération sera prise ultérieure. »

En réunion publique le 18 septembre 2015, M. le maire de Valprionde avait présenté le vote de ses voisins bien autrement : madame le maire de Sainte-Croix aurait souhaité et obtenu un vote favorable avant son départ en vacances. Cette assertion peut avoir influencé ses conseillers municipaux...

Lisant le 12 janvier 2016 à madame la préfète du Lot « *Le conseil municipal n'était pas favorable à cette adhésion mais Madame la Préfète a décidé d'inclure d'office notre commune à cette nouvelle commune.* »
Mme Catherine Ferrer me répondait : « *C'est complètement faux.* »

Dans leur *Dépêche du Midi*, madame Marie-José Sabel réitérait presque, en adoucissant le propos, dans un document en ligne, également publié le 12 01 2016 à 08:33 (découvert plus tard), des propos recueillis par leur correspondante locale Liliane Haussy :
« *Le déclic s'est fait quand la préfète nous a confirmé que, du fait de la petite taille de notre commune, nous serions contraints d'intégrer d'office la commune nouvelle.* »

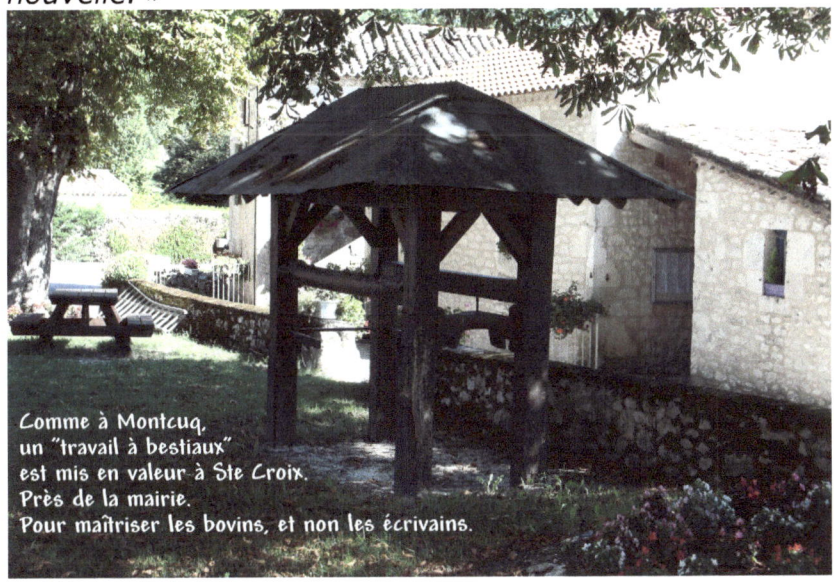

Comme à Montcuq,
un "travail à bestiaux"
est mis en valeur à Ste Croix.
Près de la mairie.
Pour maîtriser les bovins, et non les écrivains.

Lebreil

Compte rendu de réunion du conseil municipal du 30 septembre 2015

« Présents : 11
M. ROUX Bernard, Maire, M. GARDES Gérard, 1er Adjoint, Mme ROUMIGUIE Colette, 2eme Adjoint, Mmes BATAILLE Nadine, BALBUSQUIER Agnès, MARTIN-CASPARI Marie-Claude, LOUBATIERES Georgette, Ms ROUSSEL Olivier, GUINOT Gérard, THOMAS Christian, FOISSAC Michel, Conseillers Municipaux.

Secrétaire de séance : Mme BATAILLE Nadine

1°) ANCIEN BATIMENT COMMUNAL :
Monsieur le Maire propose de réhabiliter l'ancienne Mairie : (la salle communale et les deux logements) dans le bourg.
En effet, ce bâtiment est vétuste inaccessible et mal isolé.
Ce projet était une priorité pour la durée du mandat (2014-2020).
Monsieur le Maire propose de faire appel au Conseil Général (Syndicat Départemental d'Aménagement et d'Ingénierie du Lot) pour faire une étude de faisabilité.
A la majorité le Conseil Municipal est d'accord pour faire avancer ce dossier.

2°) BATIMENT AGRICOLE AU LIEU-DIT « GARRIGOU » :
Suite à l'achat de la propriété de Monsieur GLINEL, au lieu-dit « Garrigou », nous avons récupéré un bâtiment agricole d'environ 50 m2.
Avec quelques travaux d'aménagement, nous pourrions y réaliser un atelier communal, la commune n'ayant pas de local, et cela nous permettrait d'entreposer également notre matériel, ainsi que toutes les tables et bancs du comité des fêtes.
Le conseil municipal est d'accord pour réaliser ces travaux. Un certificat d'urbanisme va être déposé, puis un permis de construire et des devis seront demandés.

3°) COMMUNE NOUVELLE

Après la réunion publique du 23 septembre 2015, il nous fallait prendre la décision de savoir si la commune de LEBREIL adhérerait à la Commune nouvelle.

Le vote a eu lieu à bulletins secrets :

Résultat :
7 pour
1 contre
3 nuls

4°) C.C.A.S. :

Monsieur SCHNAKENBOURG nous avait fait savoir que si nous adhérions à la Commune nouvelle, nous devions supprimer notre C.C.A.S qui était en sommeil depuis de nombreuses années et donc prendre une délibération.
Donc suite au vote en faveur de la Nouvelle commune, le Conseil Municipal a voté à l'unanimité pour la dissolution du C.C.A.S et donne tout pouvoir à Monsieur le Maire pour accomplir cette formalité.

Fin de la réunion à 23 H. »

On ressent un très grand fatalisme à la lecture de ce document. Le bateau coule...
Monsieur le Maire a sûrement retenu : les projets lancés par les "anciennes communes" seront poursuivis... Il en profite pour placer la réhabilitation de l'ancienne Mairie. On ne peut que l'en féliciter ? Le bateau coule, on essaye de s'enfuir en sauvant quelques biens...
Car il s'agira pour les "petites communes déléguées" de trouver des arguments pour piquer un peu de fric dans la caisse de Montcuq (en Quercy Blanc), où le désendettement de Montcuq (sans Quercy Blanc) sur le dos des conquis semble la plus grande ambition...
On remarque l'absence de délibération sur le nom de la « commune nouvelle. » L'absence de délibération sur la charte et les taxes...

Belmontet

Par mail du 16 octobre 2015 à 15h35 :

« Sujet: Demande compte rendu conseil municipal

Monsieur le maire de Belmontet,

Bien que le délai légal de huitaine soit expiré, je n'ai pas pu consulter en affichage public, le 13 octobre 2015, le compte rendu de votre conseil municipal du 2 octobre 2015.

Dans le cadre du livre sur la création de la commune nouvelle de "Montcuq en Quercy Blanc", ce document me semble important. Il serait dommage que figurent dans ce modeste bouquin uniquement ce mail et quelques photos de Belmontet.

Merci de bien vouloir me l'envoyer par mail.

Veuillez agréer, monsieur Guy VIDAL, mes respectueuses salutations,

Stéphane Ternoise »

Ce monsieur n'a pas daigné répondre. Je me tournais naturellement vers la préfecture...

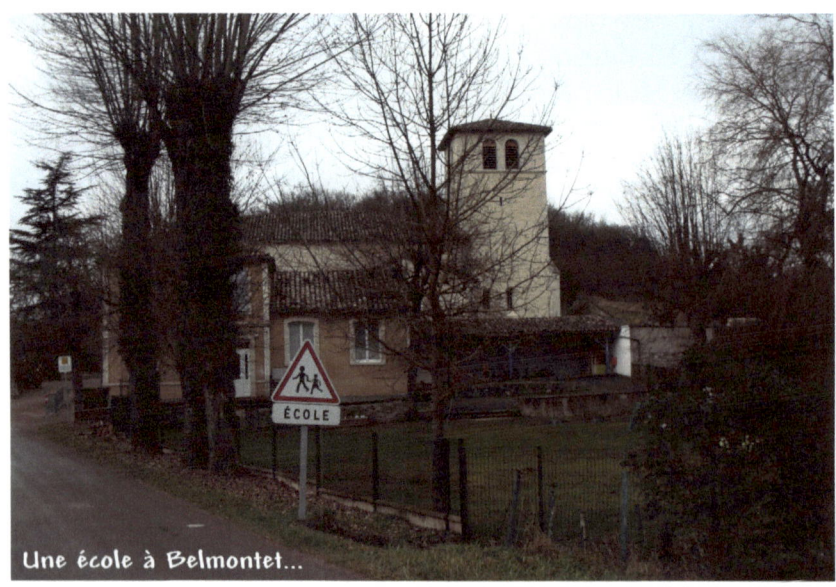

Une école à Belmontet...

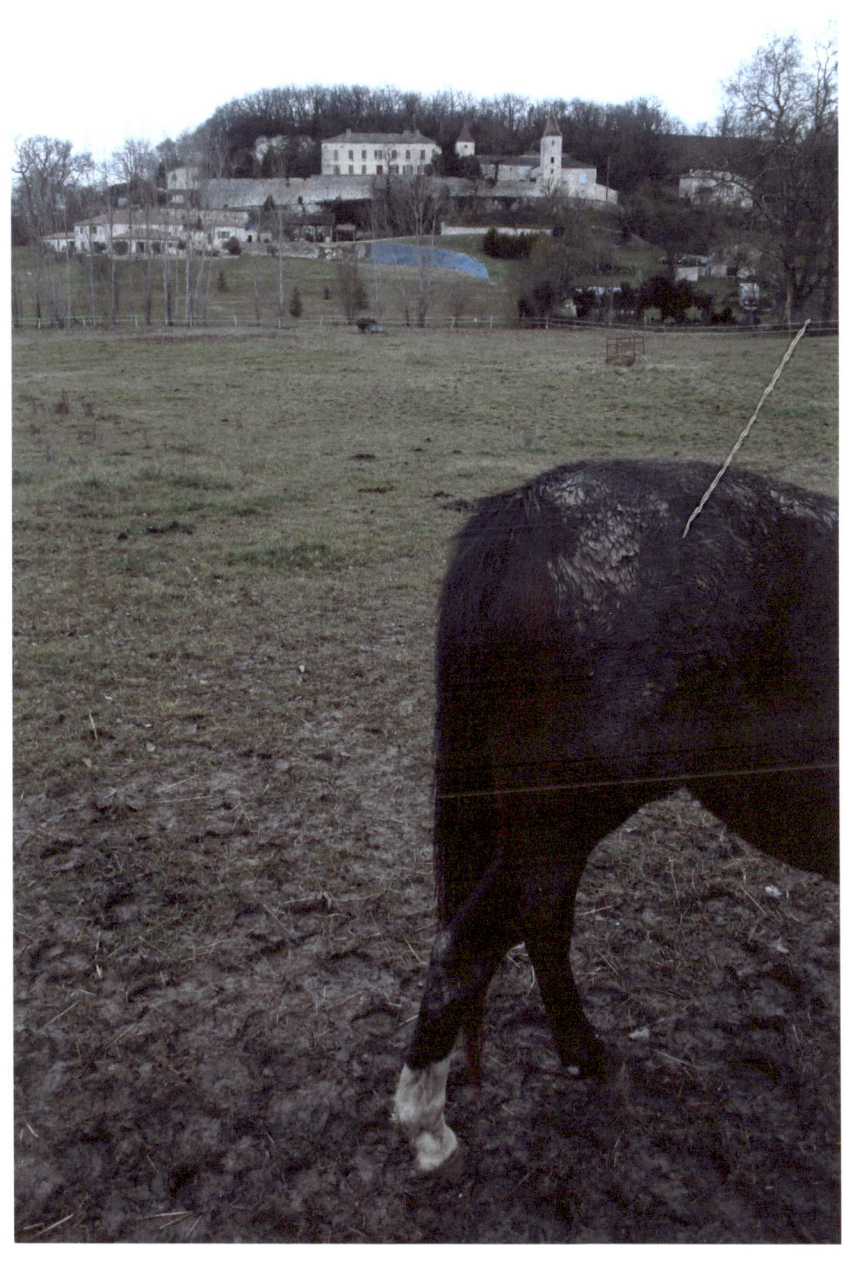

Belmontet, le 31 décembre 2015. Le Château de Ladevie, origine des Solacroup...

Montcuq

Le maire de Montcuq également n'a pas répondu à mes demandes. Mais montcuq.fr fournissait certaines informations.

Compte rendu du Conseil municipal de 29 septembre 2015

La date de convocation du Conseil Municipal : le 22/09/2015. Il semble donc qu'il y ait eu une erreur sur la convocation officielle où figurait "affiché le 29 juin 2015".

« Présents : M. LALABARDE Alain, Maire, Mme ROQUES Florence, M. LAPORTE André, Adjoints, M. PIOLOT André, Mmes WILLIAMS Rosamund, MONTAGNAC Martine, RECHE Ariane, MM. ARNAL Jérôme, MEYNEN Olivier, Mme DEMON Valérie, MM.DOCHE Patrick et Mme GARRALON Emmanuelle.

Absents excusés : Mme CAZARD Séverine qui a donné pouvoir à Mme M. PIOLOT André, M. MARTY José qui a donné pouvoir à M. LALABARDE Alain, Mme LAFAGE Edith qui a donné pouvoir à M.DOCHE Patrick.

Secrétaire : Mme MONTAGNAC Martine. »

M le Maire a d'abord demandé une minute de silence, non pour l'âme des villages conquis, mais en hommage à Charles FARRENY, Conseiller Municipal, décédé le 31 août.

Son remplacement par Mme GARRALON Emmanuelle fut ensuite acté.

En point 4, une intéressante communication :
Après avoir rappelé l'adhésion de la ville de Montcuq à la "fédération française des stations vertes de vacances et des villages de neige", les 824 euros payés de cotisation en 2014 *« et le manque d'actions menées par cet organisme. »*

Le Conseil Municipal décide de résilier l'appartenance de la ville à ce réseau.

« *Point 7 : CREATION D'UNE COMMUNE NOUVELLE :*

Le Conseil Municipal, après en avoir délibéré, à l'unanimité :

* DECIDE la création d'une Commune nouvelle, par regroupement des communes de BELMONTET, LEBREIL, MONTCUQ, SAINTE-CROIX et VALPRIONDE pour une population totale (DGF) de 2110 habitants. Elle sera effective au 1er janvier 2016 ;

* DECIDE que cette Commune nouvelle sera dénommée "Montcuq en Quercy-Blanc", avec pour Chef-lieu MONTCUQ.

* DECIDE que le siège social de la nouvelle commune sera situé à MONTCUQ - Mairie, 1 Place des Consuls - 46800 MONTCUQ,

* DECIDE que chaque commune "historique" deviendra commune déléguée, comme la Loi le permet, représentée par son Maire délégué.

* DECIDE que, comme la Loi le permet, le Conseil municipal de la Commune nouvelle sera formé, durant la période dite transitoire, courant jusqu'en 2020, de la somme de l'ensemble des Conseillers municipaux actuels des communes historiques, élus lors du scrutin de mars 2014 ;

* DECIDE que chaque commune historique conservera sa mairie annexe dans laquelle seront établis les actes de l'Etat-Civil concernant les habitants de la commune déléguée.

* DECIDE que les projets lancés par les anciennes communes déléguées seront poursuivis jusqu'à leur aboutissement ;

* APPROUVE la charte réglant et détaillant les conditions d'organisation, de fonctionnement, et l'ensemble des conditions de vie commune ;

* DIT que cette charte aura valeur d'engagement moral pour les élus de la Commune nouvelle ;

* DECIDE que les taux de fiscalité (T.H, T.F.B, T.F.N.B, C.F.E) seront lissés sur une durée de 12 ans selon le tableau annexé.

* DIT qu'attache sera prise dans les jours à venir auprès de Madame La Préfète, par les cinq maires concernés, afin de lui demander d'acter par arrêté la création de la Commune nouvelle "Montcuq en Quercy-Blanc".

Voir charte en annexe 2 et taux fiscaux en annexe 3.

Monsieur le Maire, très satisfait de ce vote à l'unanimité, remercie vivement les membres du Conseil Municipal de leur confiance. Une page importante se tourne pour la commune de MONTCUQ.

N'ayant pas de questions diverses et les sujets à l'ordre du jour étant épuisés, Monsieur le Maire lève la séance publique. »

Et tous de trinquer à la santé des conquis ? Aucune confidence ne permet de l'affirmer. Mais les deux listes se sont retrouvées : Montcuq était fendu en deux, il est de nouveau uni. Merci Caumon Patrice, le rassembleur !

La charte ? Ce n'est qu'un engagement moral ! Jusqu'en 2020 ! Ensuite, vous pouvez vous torcher avec, les élus...

Quant aux taux de fiscalité (T.H, T.F.B, T.F.N.B, C.F.E) prévus lissés sur une durée de 12 ans, il suffira d'une décision du nouveau conseil municipal à 55 puis 19 ou 23, pour les modifier...

transitioncitoyennequercyblanc.org notait :

« *M. le Maire expose le nouveau projet avec enthousiasme, relayé par A. Piolot qui présente un bref historique de l'évolution des communes en France depuis 1971, date de la première réforme.*

Les dotations de l'Etat diminueront de 30% d'ici à 2020 ; les petites communes sont appelées à se regrouper en communes d'au moins 2000 habitants qui pourront ainsi mutualiser leurs moyens humains et techniques, ainsi que leurs patrimoines et de mener des projets en commun ; la gouvernance et les fiscalités seront harmonisées.

Le territoire agrandi de la nouvelle commune comprendra 5 communes : Le Breil, Valprionde, Belmontet, Ste Croix et Montcuq et s'appellera Montcuq en Quercy blanc ; la population sera de 2 110 habitants. Le chef-lieu de la nouvelle commune sera Montcuq qui s'appellera Montcuq en Quercy blanc ; les communes associées deviendront des communs délégués, représentés par leurs maires délégués qui seront également adjoints délégués de droit chargés d'une seule compétence; le nouveau CM passera à 57 membres qui éliront 2 ou 3 autres adjoints (en plus des maires délégués) ; le quorum de ce CM sera de 29. Dans chaque commune, les CM continueront à traiter les affaires courantes [ce qui est faux... mais ils se relisent !] *et les maires seront chargés de partager les informations avec la nouvelle commune. Les projets en cours dans chaque commune seront poursuivis jusqu'à leur terme. D'autres communes pourront rejoindre ce projet d'ici à 2020, s'ils ont fait connaitre leurs intentions avant le 31.12.2015, faute de quoi elles perdront 10% de la dotation de l'Etat. La nouvelle commune entrera en vigueur en 2020, son CM sera élu a la proportionnelle et comprendra 19 membres.* »

On peut sourire de ce « *la population sera de 2 110 habitants.* » Faux électeurs, faux habitants ? Pourquoi ne pas annoncer une France a cent millions d'habitants (pour obtenir plus de subventions européennes) ?

Autres "confidences" : « *Le Maire précise, qu'à l'avenir, la nouvelle commune pourrait avoir le choix de la communauté des communes à laquelle elle voudrait appartenir dans la limite des territoires limitrophes, même si ces territoires sont à cheval sur 2 départements.* » Se vendre à la communauté offrant le plus de vice-présidences ?

Mais aussi : « *L'Etat s'engage à donner la priorité aux*

nouvelles communes dans les investissements et l'attribution des subventions. » Sûrement une affirmation exagérée... La loi s'est engagée sur la "dotation d'état"... durant trois ans.

Le maire note bien « *une population totale (DGF) de 2110 habitants* », un collectif ayant au moins une conseillère présente colporte « *la population sera de 2 110 habitants* » et gratifie les conquis de « *communs délégués.* » Comme c'est déjà mignon, en 2015. Comme certains prétendent nécessaire trois générations de naissance sur ces terres pour obtenir une accréditation à la table du pouvoir, il faudra bien cela dans la logique actuelle pour évacuer la condescendance des *montcuqueux*.

Personne, parmi ces élus de Montcuq, pour réagir en citoyens concernés par le drame en perspective des villages conquis. Ont-ils pensé : s'ils ne sont même pas capables d'arrêter la course folle de leur maire dans le mur, qu'ils s'agenouillent. Qu'ont pensé ces élus en votant ?

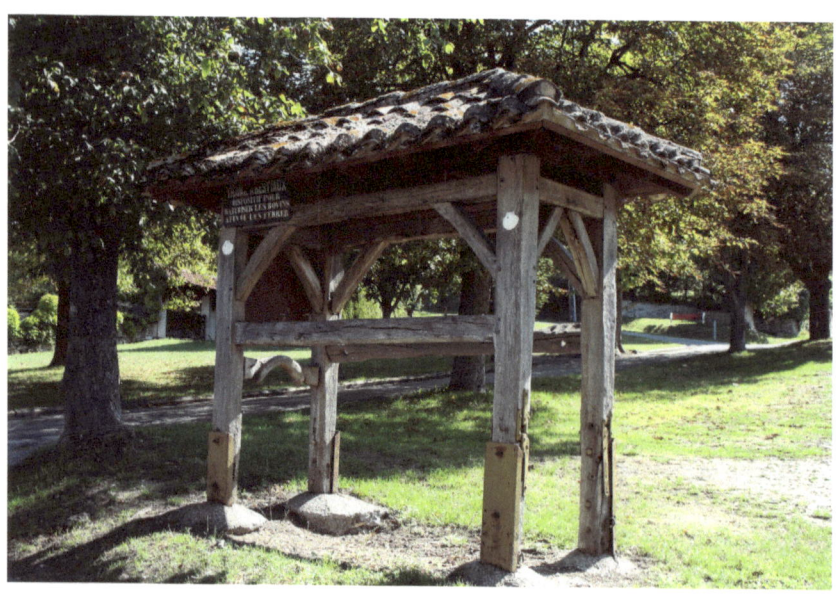

La charte...

Vers le XIIe siècle, les « usages et coutumes » furent rédigés dans les villes, à la demande des consuls et seigneurs. C'était du genre « *les seigneurs s'engagent à être bons et loyaux envers les habitants et ces derniers promettent d'être bons et vrais sujets, en toutes choses honnêtes et raisonnables.* »

Soyons de bons sujets pour nos seigneurs, nos maîtres, eh nos maires. Ah la sujétion... Tous place des Consuls ! Naturellement, la charte de Montcuq ne pouvait pas être débattue par des ingénus. Elle fut l'œuvre du désormais célèbre « club des cinq. » Le peuple n'aurait-il pas dû au moins la consulter avant pour permettre l'affirmation « *l'accueil favorable pour ce projet de Commune nouvelle, constaté au sein de la population.* »

CHARTE COMMUNE NOUVELLE
MONTCUQ EN QUERCY-BLANC
PRINCIPES FONDATEURS

« Les Communes de BELMONTET, LEBREIL, MONTCUQ, SAINTE-CROIX et VALPRIONDE ont réfléchi ensemble à un avenir commun. Elles partagent un historique et appartiennent à un même bassin de vie.

Dans un souci de mutualiser les services indispensables à l'épanouissement des habitants, de pérenniser les 5 communes fondatrices, tout en ayant la volonté d'offrir à chacun la même qualité de services, les élus ont décidé la création d'une commune nouvelle regroupant leurs 5 communes.

Cette charte a pour objet de rappeler l'esprit qui anime les élus fondateurs, ainsi que les principes fondamentaux qui doivent s'imposer aux élus en charge de la gouvernance, tant de la commune nouvelle que des communes déléguées.

Les objectifs sont les suivants :

- Permettre l'émergence d'une nouvelle collectivité rurale, plus dynamique, plus attractive, en terme économique, social, culturel, et en capacité de porter des projets, que chaque commune prise séparément n'aurait pas pu porter.

- Assurer une meilleure représentation de notre territoire et de ses habitants auprès de l'Etat et des autres collectivités, tout en respectant une représentation équitable des communes fondatrices au sein de la commune nouvelle, et une égalité de traitement entre les habitants des communes déléguées.

- Maintenir un service public de proximité au service des habitants du territoire. Il s'agit de constituer une véritable agglomération en milieu rural regroupant tous les moyens humains, matériels, financiers des 5 communes, permettant d'assurer le développement équilibré de chacune des communes fondatrices, dans le respect des intérêts de ces habitants et d'une bonne gestion des deniers publics.

LES ORIENTATIONS PRIORITAIRES DE LA COMMUNE NOUVELLE

Les Conseils Municipaux des Communes fondatrices tiennent à rappeler leur attachement :

- A Développer des services de qualité pour les habitants : outre l'objectif de maintien des services de proximité, la commune nouvelle profitera de la mutualisation des compétences pour développer avec plus d'efficacité de nouveaux services absents ou faiblement présents dans l'une ou l'autre de ses communes.

- A Garantir l'identité des communes fondatrices, pour garder l'identité de chacune de ses communes composantes, la commune nouvelle adoptera le nom de : MONTCUQ EN QUERCY BLANC, tandis que chaque commune fondatrice, devenant commune déléguée, conservera son nom actuel.

- A la pérennisation des services publics : Collège, Ecoles, gendarmerie, SDIS, Poste……
- Au maintien et au développement de l'activité agricole, commerciale, artisanale dans le territoire.
- A l'amélioration des infrastructures routières et des voies de communication, au développement de l'activité touristique.
- A la préservation du patrimoine bâti communal, et notamment religieux, présentant un intérêt historique ou touristique sur les 5 communes.
- Considérant les activités associatives comme essentielles à la vie locale, la commune nouvelle encouragera la pratique de ces activités, et la coopération associative sur l'ensemble de son territoire tout en garantissant l'autonomie que leur confèrent leurs statuts. La commune nouvelle assurera l'équité de toutes les associations présentes sur le territoire (soutien financier aux associations ou comités d'animations des communes déléguées).
- A la participation des jeunes à la citoyenneté via un conseil municipal Jeunes.
- Développement de l'habitat dans les 5 communes, dans le respect des documents d'urbanisme en vigueur sur le territoire. Les communes considèrent comme prioritaires l'uniformisation de leurs documents d'urbanisme dans le cadre d'un P.L.U.I et la création d'un service d'urbanisme assurant l'instruction des permis de construire et autorisations d'urbanisme.

Les Communes de BELMONTET, LEBREIL, MONTCUQ, SAINTE-CROIX et VALPRIONDE représentées par leur Maire en exercice et dûment habilitées par leur conseil municipaux respectifs, suivant délibération conjointe, décident la création d'une commune nouvelle « MONTCUQ EN QUERCY-BLANC ».

GOUVERNANCE

Le siège de la Commune de la commune nouvelle sera situé à l'Hôtel de Ville, 1 place des consuls – 46800 MONTCUQ. Durant la période transitoire, c'est à dire avant le renouvellement des Conseils municipaux en 2020, compte tenu du nombre de conseillers municipaux, les séances du Conseil auront lieu à l'Espace d'Animation.

* La Commune nouvelle est substituée aux communes :
-pour toutes délibérations et actes
-pour l'ensemble des biens, droits, et obligations
-dans les syndicats dont les communes étaient membres
-pour tous les conseillers municipaux qui sont rattachés à la commune nouvelle.

* Les Communes Déléguées

A/ Organisation : Dans les 6 mois suivant la création de la commune nouvelle, il est prévu la création de plein droit des communes déléguées : de BELMONTET, LEBREIL, MONTCUQ, SAINTE-CROIX et VALPRIONDE. Chaque Commune déléguée conservera le nom et les limites territoriales des anciennes communes.

Il est acté que les communes déléguées ne seront pas dotées d'un Conseil Municipal spécifique.

B/ Les Maires des Communes déléguées

Chaque commune déléguée est représentée par son Maire, qui devient Maire délégué et Adjoint de droit de la Commune nouvelle. Il peut cumuler ces fonctions (mais ne peut pas cumuler les deux indemnités) et peut recevoir des délégations particulières de la part du Maire de la Commune nouvelle. Ses fonctions sont les suivantes : Officier d'Etat-Civil et de police Judiciaire (article 2113-13 du CGCT).

*ARTICLE 1 : Le Conseil Municipal de la Nouvelle Commune :

La Commune nouvelle est dotée d'un conseil municipal élu, conformément aux dispositions du C.G.C.T.

Durant la période transitoire, le Conseil municipal de la

commune nouvelle sera composé de l'ensemble des conseils municipaux des communes déléguées.

*ARTICLE 2 : La Municipalité de la Commune Nouvelle : Elle est composée :

A/ Du Maire de la Nouvelle Commune : il est élu conformément au C.G.C.T. Il est l'exécutif de la Commune. Ses missions : représenter la Commune en justice, passer les marchés, signer les budgets, gérer le patrimoine. Le Conseil Municipal peut lui déléguer d'autres compétences.

B/ Des Adjoints de la commune nouvelle, qui, conformément au CGCT, y compris les Maires Délégués ne pourra pas excéder 30% du conseil Municipal.

C/ Des Maires délégués, des communes déléguées, qui seront adjoints de droit. Il est possible de cumuler les fonctions de Maire délégué et d'adjoint à la Commune nouvelle mais il est impossible de cumuler les deux indemnités.

D/ Des Conseillers Municipaux ; certains pourront se voir confier des délégations particulières du Maire de MONTCUQ EN QUERCY-BLANC et être nommés à ce titre Conseiller Municipal Délégué. Ils pourront être indemnisés lorsque la mission le justifie.

*ARTICLE 3 : Le Budget :
La Commune nouvelle bénéficie de la fiscalité communale (article 1638 du CGI)

- Intégration fiscale progressive des taxes communales,
- En ce qui concerne la DGF, la Commune nouvelle bénéficie des différentes parts de la dotation forfaitaire des communes fondatrices,
- Les Conseils Municipaux choisissent une intégration fiscale progressive pendant une durée de 12 ans.

*ARTICLE 4 : Le Personnel :
L'ensemble des personnels communaux relève de la commune nouvelle dans les conditions de statuts et

d'emplois qui sont les siennes. Le personnel dans son ensemble est géré par la commune nouvelle, il est placé sous l'autorité du Maire et du Directeur des Services. Il conserve l'ensemble de ses avantages indemnitaires acquis.

*ARTICLE 5 : Le CCAS :

Afin de soutenir l'ensemble de l'action Sociale sur l'ensemble du territoire, un CCAS sera constitué sur l'ensemble de la commune nouvelle conformément à la Loi.

*ARTICLE 6 : Modification de la présente charte constitutive :

Cette charte a été élaborée dans le respect du CGCT. Elle représente la conception que se font les élus des 5 communes fondatrices de la nouvelle commune. Elle a été adoptée à l'unanimité des Conseils Municipaux (par majorité simple) des communes fondatrices.

Elle ne pourra faire l'objet d'une quelconque modification, sauf à être votée à la majorité qualifiée du Conseil Municipal de la Commune Nouvelle. »

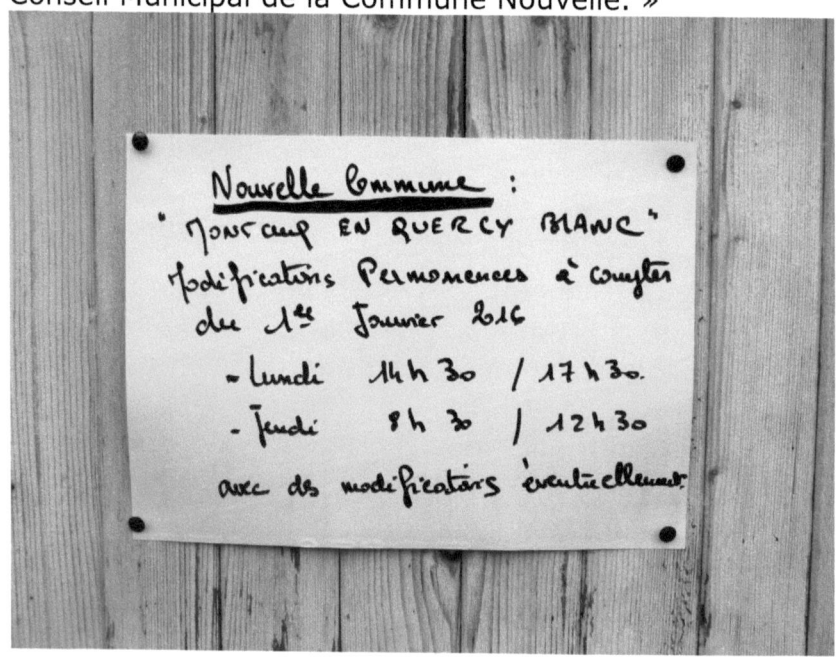

C'est donc cela, la charte ! Des platitudes jusqu'en 2020 et ensuite la liste victorieuse des municipales l'adaptera à « *la majorité qualifiée du Conseil Municipal.* » À la poubelle !

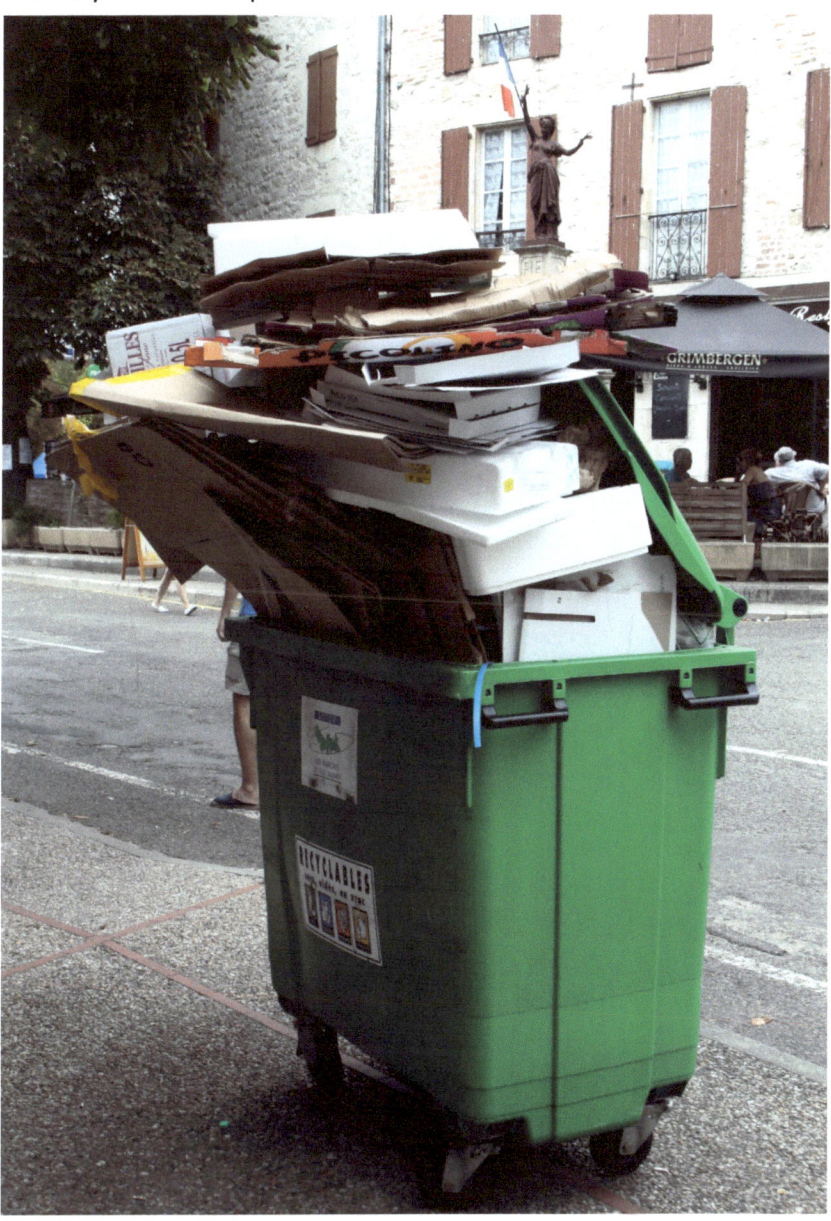

Des passages drôles, quand même : « *les services indispensables à l'épanouissement des habitants* »...
« *Pérenniser les 5 communes fondatrices* », oui : par la disparition des 4 plus petites !
« *Tout en ayant la volonté d'offrir à chacun la même qualité de services* » : pour permettre la réalisation de cette grande ambition, il serait préférable de fusionner avec Toulouse. Un arrêt de bus dans chaque commune déléguée pour permettre à chacun de se rendre à Cahors chaque jour ?
« *L'esprit qui anime les élus fondateurs* », c'est monsieur Patrice Caumon ?
Et un magnifique passage sur l'égalité, peut-être romaine : « *une égalité de traitement entre les habitants des communes déléguées.* »
C'est écrit dans la charte, il y aura les citoyens de Montcuq et les autres, disons des sous-citoyens mais qui bénéficieront tous, ces manants, d'une égalité de traitement. Mais non : Montcuq également est une commune déléguée de Montcuq en Quercy Blanc... forcément... On peut en douter dans l'esprit mais il faut suivre, sinon n'écrivez pas de livre ! Nous sommes tous libres et égaux en droits... mais en réalité...
« *Maintenir un service public de proximité* » La proximité, c'est combien de kilomètres ?

Fin 2015, le premier conseil municipal de MONTCUQ-EN-QUERCY-BLANC était convoqué... "MAIRIE de MONTCUQ" ! Exit déjà : « *Durant la période transitoire, c'est à dire avant le renouvellement des Conseils municipaux en 2020, compte tenu du nombre de conseillers municipaux, les séances du Conseil auront lieu à l'Espace d'Animation.* » Avant même la création officielle, ces gens-là violaient leur charte ! Impunément... Sans même une délibération...

La fiscalité...
Présentation honnête aux administrés ?

Les taux de fiscalité (T.H, T.F.B, T.F.N.B, C.F.E) seront lissés sur une durée de 12 ans... Et rassurez-vous...
Les administrés de Montcuq peuvent se réjouir de la bonne nouvelle : aucune augmentation prévue des taux jusqu'en 2028 et même une baisse de la T.F.N.B ! (mais si le mouvement s'amplifie leur commune aura été absorbée par Cahors ou Montauban ?)

La transition, le lissage restant finalement très secondaire (même si dès 2016 Lebreil "bénéficiera" déjà d'un doublement), constatons le choc 2015 --> 2028

La taxe d'habitation... celle sur laquelle les maires semblent avoir essayé de focaliser les esprits...

Montcuq   8,86 ---> 8,86
Lebreil   6,64 ---> 8,86
Belmontet   8,32 ---> 8,86
Sainte-Croix 9,33 ---> 8,86
Valprionde   6.92 ---> 8,86

Quel bonheur à Sainte-Croix et Montcuq ! Ailleurs la hausse reste raisonnable... Mais y'a pas que la taxe d'habitation sur les feuilles d'impôts... La foncière, par exemple...

La Taxe foncière sur les propriétés bâties... celle payée par les propriétaires de leur maison...

Montcuq   11,28 ---> 11,28
Lebreil   2,67 ---> 11,28
Belmontet   5,36 ---> 11,28
Sainte-Croix 4,73 ---> 11,28
Valprionde   3,06 ---> 11,28

Mais !, ils nous répondraient sûrement si on les forçait à s'expliquer, « *nos bases sont faibles... Cela ne représente que quelques euros, pardi !* » S'ils s'adressaient à un auditoire de neuneus... car nous pourrions rétorquer : en plus du taux, les bases "risquent" de flamber pour Lebreil, Belmontet, Sainte-Croix et Valprionde, après leur merveilleuse chance d'accéder au titre *enviable* de trou de Montcuq (le must, en terme d'image !)

Si la base s'élève à 1000 euros, plutôt que de payer 26,7 euros en 2015, ce sera 112,80 à Lebreil en 2028. Il s'agit quand même d'une multiplication par quatre ! Valprionde est presque dans la même situation (la commune a déjà bénéficié de "l'effet Caumon", passant de 2,32% en 2013 à 3,06 dès son entrée en fonction) alors que Sainte-Croix et Belmontet se contentent de doubler, certes un peu plus. Ne chipotons pas !

Naturellement, la commune n'était pas la plus vorace pour la taxe foncière…

Intercommunalité : 8,10%
Département : 23,5%
Taxe ordures ménagères : 12,5%

Notre changement "possible" de Communauté de Communes aura quelle incidence sur la taxe foncière ? Je pose trop de questions ?

Quant aux bases, chaque année elles semblent suivre un indice… augmentent légèrement… Ce qui sera au moins encore le cas jusqu'en 2028. Ne l'oubliez pas dans vos prévisions budgétaires…

Taxe foncière propriétés non bâties
Montcuq   90,60 ---> 68,88
Lebreil   26,61 ---> 68,88
Belmontet   62,60 ---> 68,88
Sainte-Croix 19,06 ---> 68,88
Valprionde   34,20 ---> 68,88

Cotisation foncière des entreprises (CFE)
Montcuq   15,08 ---> 15,08
Lebreil   15,85 ---> 15,08
Belmontet   13,25 ---> 15,08
Sainte-Croix 18,47 ---> 15,08
Valprionde   15.02 ---> 15,08

Il faudra faire des sacrifices, les conquis ! Qui connaissait ces taux de notre fiscalité ?

« *Sans la Commune Nouvelle, j'aurais été obligé d'augmenter les taxes locales, sur Valprionde, de 70 % en 3 ans. Avec l'harmonisation des taux, au sein de la Commune Nouvelle, les taxes locales n'augmenteront que de 28 %, ce sur 12 ans.* »

Patrice Caumon, 7 octobre 2015, *La Vie Quercynoise.*

28% d'augmentation de la taxe foncières ?

Le 22 janvier 2015, au deuxième conseil municipal de l'Histoire de MQB il fut question de la demande d'ouverture d'une classe supplémentaire au primaire... Suite à la fermeture du RPI, regroupement pédagogique intercommunal, Belmontet / Le Boulvé, personne pour s'indigner... dans la même interview, PC pavoisait : « *Aussi, avec cette constitution de Commune Nouvelle, 70 % de la dette sera apurée, en 2020, et l'école de Belmontet est sauvée d'une éventuelle fermeture.* » La dette était celle de Montcuq, dont on doute qu'elle ne soit pas aggravée par les grands travaux Lalabarde. 600 000 euros déjà annoncés pour "le cœur de Montcuq". Dont une œuvre d'art achetée au sculpteur ayant su se bien faire voir ?

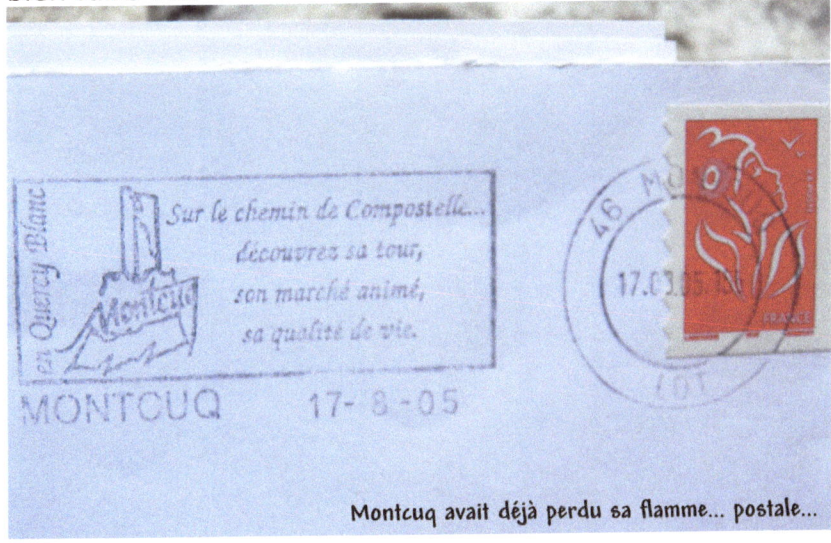

Montcuq avait déjà perdu sa flamme... postale...

Qui sera crucifié ?

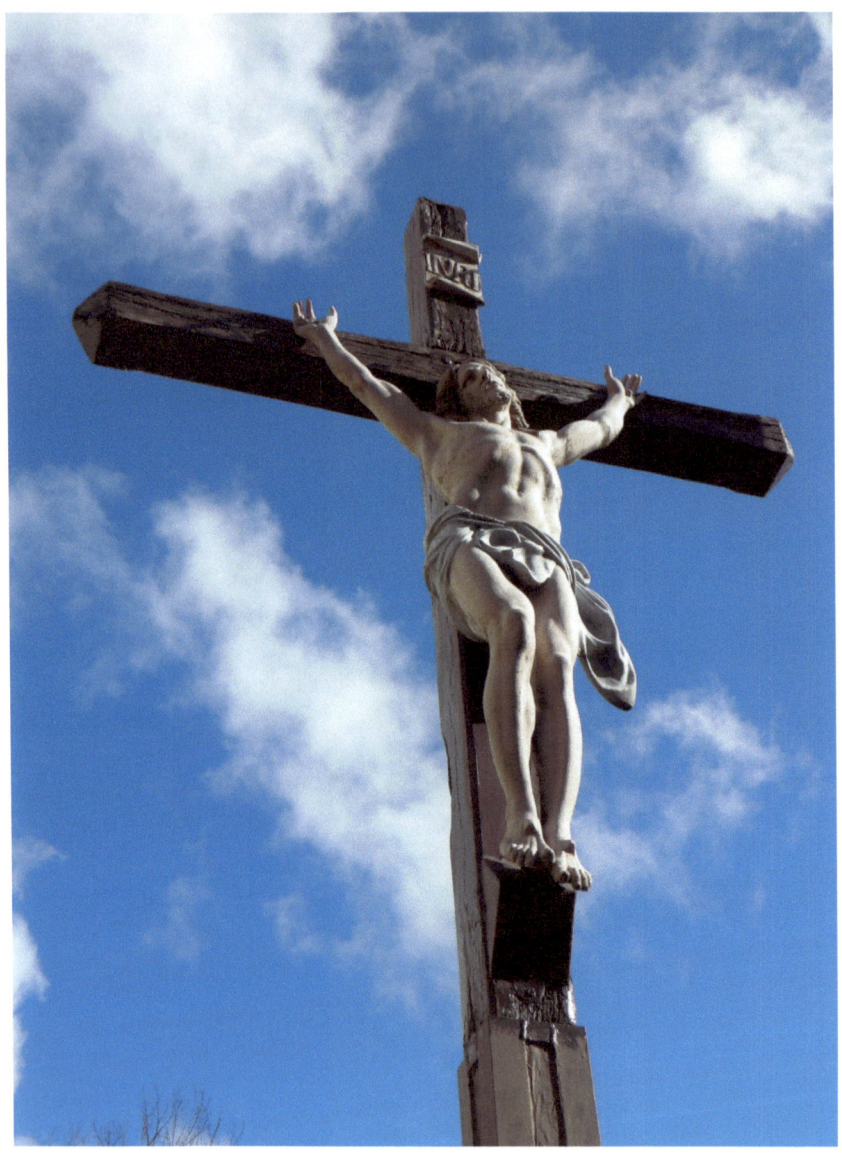

11 églises, 10 cimetières... comme à Montaigu. Et Jésus omniprésent... Ici à Rouillac...

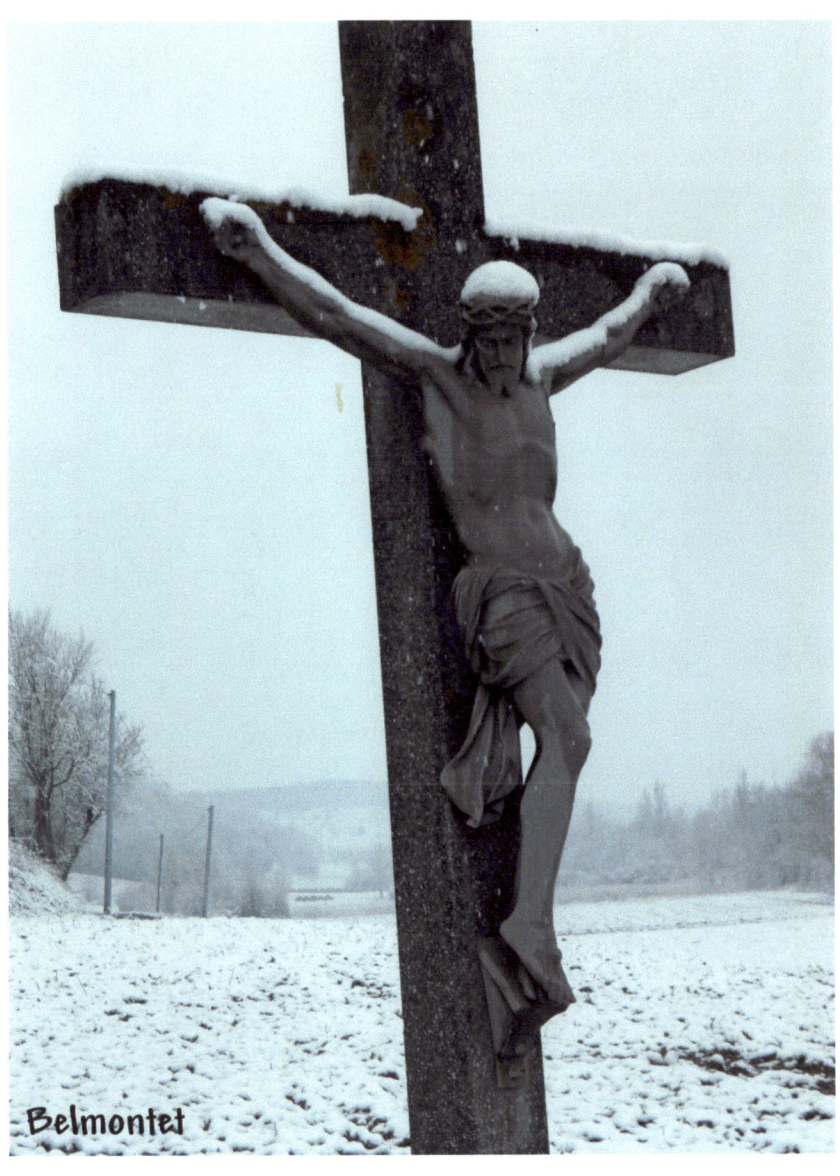

Crucifier celui qui informe ? Les coupables ? Ou alors tout sera oublié ? Ou nous n'en sommes plus à de telles pratiques ? Néron ordonna à Sénèque de se suicider...

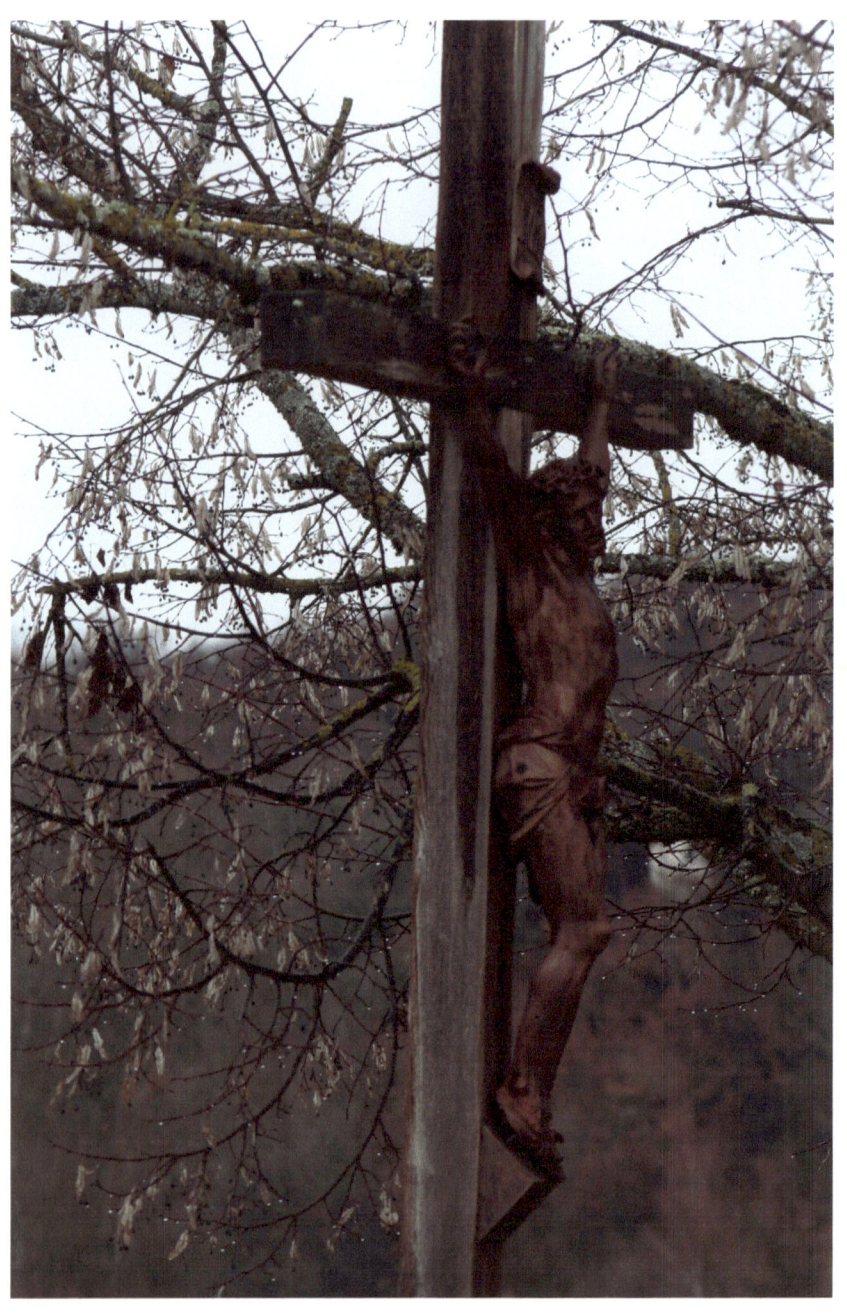

Lebreil, le 31 décembre 2015.

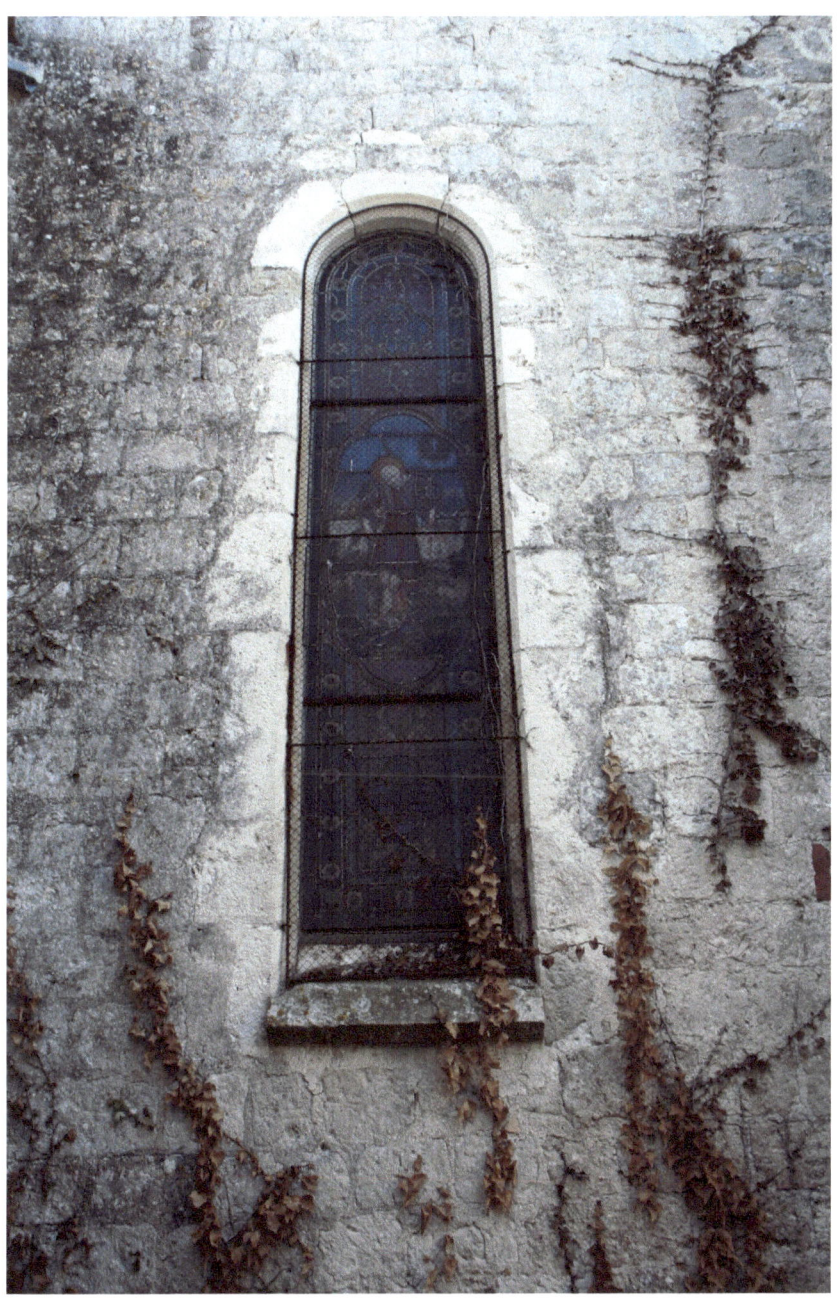

Ste Croix, l'église fermée permet néanmoins d'observer la représentation d'un autre crucifié, qui plus est lotois.

L'arrêté du 20 octobre 2015

Il faut le chercher, cet arrêté 2015-082 !
Dans un PDF : RECUEIL DES ACTES ADMINISTRATIFS N°46-2015-013, PUBLIÉ LE 31 OCTOBRE 2015...
4 pages à partir de la 14.
http://www.lot.gouv.fr/IMG/pdf/recueil-46-2015-013-recueil-des-actes-administratifs_.pdf

En saisissant Montcuq-en-quercy-blanc dans la case RECHERCHE http://www.lot.gouv.fr, il n'apparaît pas...

Préfecture Lot
46-2015-10-20-001

Arrêté 2015-082 portant création
de la commune nouvelle
Montcuq-en-Quercy-Blanc

La Préfète du LOT,
Chevalier de la légion d'Honneur,
Chevalier de l'Ordre National du Mérite,

VU le code général des collectivité territoriales et notamment ses articles L.2113-2 et suivants ;

VU les délibérations concordantes des communes de Montcuq (29 septembre 2015), Lebreil (30 septembre 2015), Valprionde (25 septembre 2015), Belmontet (2 octobre 2015) et Sainte-Croix (24 septembre 2015), sollicitant la création d'une commune nouvelle ;

Vu les délibérations concordantes des communes fondatrices sur le nom de la commune nouvelle ;

Vu la détermination de la composition du conseil municipal transitoire de la commune nouvelle par délibérations concordantes des communes fondatrices ;

Vu les délibérations concordantes des communes fondatrices sur l'institution de communes déléguées sur le territoire des communes de Montcuq, Lebreil, Valprionde, Belmontet et Sainte-Croix ;

Vu le courrier de la Directrice départementale des Finances Publiques du 13 octobre 2015 désignant le trésorier de la commune nouvelle ;

Considérant que les conditions posées par le code général des collectivités territoriales sont réunies ;

Sur proposition du secrétaire général de la préfecture du Lot ;

Arrête

Article 1 : Est créée, à compter du 1er janvier 2016, une commune nouvelle dénommée Montcuq-en-Quercy-Blanc (communauté de communes du Quercy-Blanc, canton de Luzech, arrondissement de Cahors) en lieu et place des communes de Montcuq, Lebreil, Valprionde, Belmontet et Sainte-Croix.

Article 2 : Le chef-lieu de la commune nouvelle est situé à Montcuq-en-Quercy-Blanc, mairie, 1 place des Consuls 46800 Montcuq-en-Quercy-Blanc.

Article 3 : Sur la base des populations légales en vigueur au 1er janvier 2015, la population de la commune nouvelle s'établit ainsi qu'il suit :
- Population municipale : 1775 habitants
- Population totale : 1839 habitants.

Article 4 : Des communes déléguées sont instituées sur le territoire des anciennes communes de Montcuq, Lebreil, Valprionde, Belmontet et Sainte-Croix.
Jusqu'au prochain renouvellement général des conseils municipaux, le maire de la commune fondatrice en fonction au moment de la création de la commune nouvelle est de droit maire délégué.

Article 5 : Jusqu'au prochain renouvellement général des conseils municipaux, la commune nouvelle de Montcuq-en-Quercy-Blanc sera administrée par un conseil municipal composé de 55 membres correspondant à l'ensemble des conseillers municipaux des communes fondatrices en exercice au moment de la création de la commune nouvelle.
Lors du premier renouvellement suivant la création de la commune nouvelle, le conseil municipal comporte un nombre de membres égal au nombre prévu pour une commune appartenant à la strate démographique immédiatement supérieure.

Article 6 : La commune nouvelle se substitue à ses communes fondatrices au sein de la communauté de communes du Quercy-Blanc et des syndicats dont elles étaient membres.
La commune nouvelle de Montcuq-en-Quercy-Blanc, dont le périmètre est identique à celui du SIVU des écoles de Montcuq-Lebreil, se substitue à ce groupement.
Le présent arrêté emporte suppression de ce syndicat.
L'ensemble des biens, droits et obligations du syndicat supprimé et des communes dont est issue la commune nouvelle est transféré à cette dernière.

La création de la commune nouvelle entraîne sa substitution dans toutes les délibération et dans tous les actes pris par le SIVU des écoles de Montcuq-Lebreil et par les communes qui en étaient membres.

Les contrats sont exécutés dans les conditions antérieures jusqu'à leur échéance, sauf accord contraire des parties. Les cocontractants sont informés de la substitution de personne morale par la commune nouvelle.

La substitution de personne morale dans les contrats conclus par le SIVU des écoles de Montcuq-Lebreil et les communes n'entraîne aucun droit à résiliation ou à indemnisation pour le cocontractant.

L'ensemble des personnels du syndicat supprimé et des communes dont est issue la commune nouvelle est réputé relever de cette dernière dans les conditions de statut et d'emploi qui sont les siennes. Les agents conservent, s'ils y ont intérêt, le bénéfice du régime indemnitaire qui leur était applicable ainsi que, à titre individuel, les avantages acquis en application du troisième alinéa de l'article 111 de la loi n°84-53 du 26 janvier 1984 portant dispositions statutaires relatives à la fonction publique territoriale.

Article 7 : Les fonctions de comptable de la commune nouvelle de Montcuq-en-Quercy-Blanc seront assurées par le trésorier de Castelnau-Montratier.

Article 8 : Tant pour le budget principal que pour ses budgets annexes, la commune nouvelle reprend les résultats de fonctionnement, d'une part, et les résultats d'investissement d'autre part, des communes dont elle est issue, ces résultats étant constatés pour chacun à la date d'entrée en vigueur de sa création. Les dispositions du présent article sont applicables aux budgets annexes suivants :

- Montcuq : "Logement administratifs Gendarmerie"
- Lebreil : "logements"

Le CCAS de la commune nouvelle reprend les résultats de fonctionnement d'une part, et les résultats d'investissement d'autre part, des CCAS des communes dont elle est issue, ces deux résultats étant constatés à la date d'entrée en vigueur de sa création.

L'intégralité de l'actif et du passif des communes fondatrices et de la communauté de communes est attribuée à la commune nouvelle.

L'intégralité de l'actif et du passif du CCAS des communes fondatrices est attribuée au CCAS de la commune nouvelle.

Article 9 : Les régies de la commune de Montcuq sont maintenues entre la date de création de la commune nouvelle de Montcuq-en-Quercy-blanc et la date de création de ses propres régies. Les régies concernées par cette disposition sont les suivantes :
- Régie du Marché ;
- Régie Tarifs groupe tour

Article 10 : Le Secrétaire général de la Préfecture du Lot, la Directrice départementale des Finances Publiques, les maires des communes de Montcuq, Lebreil, Valprionde, Belmontet et Sainte-Croix ainsi que le président de la communauté de communes du Quercy-Blanc, sont chargés, chacun en ce qui le concerne, de l'exécution du présent arrêté, qui sera publié au recueil des actes administratifs.

A Cahors le 20 OCT. 2015

La Préfète,
Catherine FERRIER

Aucun maire n'a jugé fondamental d'afficher et / ou divulguer ce document pourtant essentiel dans notre Histoire.

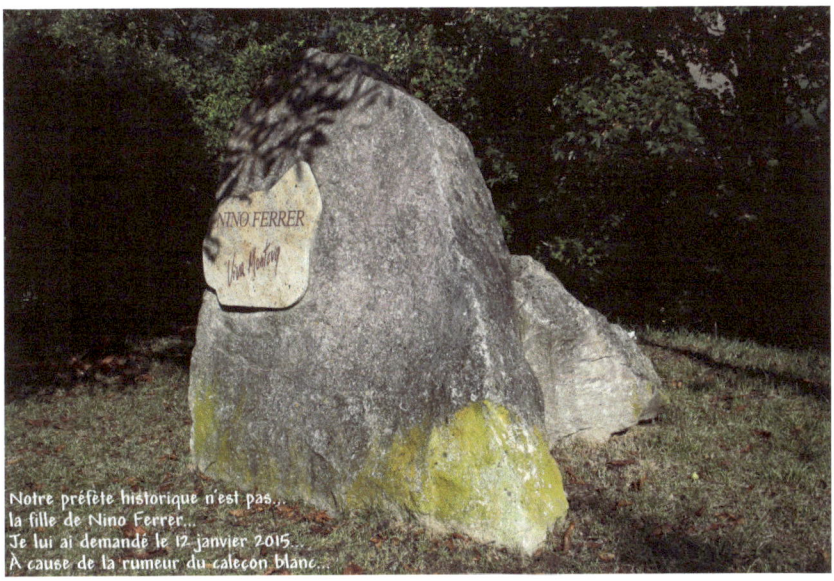

Notre préfète historique n'est pas...
la fille de Nino Ferrer...
Je lui ai demandé le 12 janvier 2015...
A cause de la rumeur du caleçon blanc...

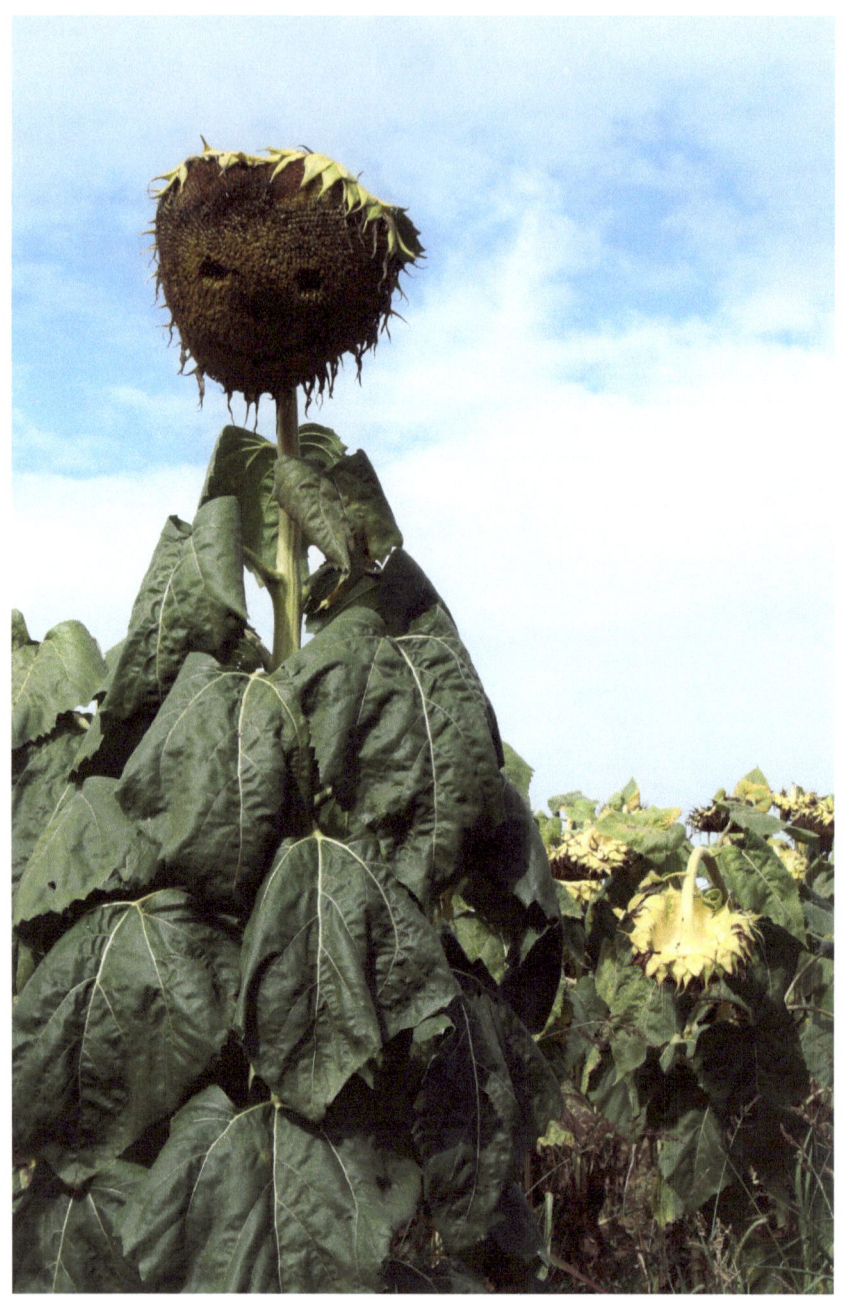

Montcuq, quartier de Rouillac, le 24 août 2015.

Montcuq en Caleçon Blanc...

Le Poinçonneur des Lilas, de Serge Gainsbourg, fut adapté en *Le fossoyeur des patelins.* Sans que personne n'ait l'audace de le balancer à la face des sexagénaires. Et quelques mois plus tard, c'est au tour de *la ballade de Melody Nelson* de fournir la mélodie d'un nouvel hymne à Montcuq. Imaginons que la préfète, contrainte de signer l'arrêté, ait osé un nom encore plus "extravagant" et finalement guère plus ridicule.

Montcuq en Caleçon Blanc

Ça c'est l'histoire
De *Montcuq en Caleçon*
Qu'à part la préfète personne
N'avait eu cette idée-là
Ça vous étonne
Mais c'est comme ça

Elle avait de l'humour
Créer *Montcuq en Caleçon*
Ouais, elle aime la déconne
De l'école François clapier
Élysée icône
Elle sait twitter

Néologisme fatal
Appellation friponne
Préférée à *Quercy Blanc*
Mais l'hexagone
Se repliant

Oh ! Joli Quercy
Ce *Montcuq en Caleçon*
Des p'tits vieux le raboutonnent
C'était pourtant la région
Où l'on chantonne
Les cornichons

Interprétation, diffusion :
Montcuq en Caleçon Blanc (Stéphane Ternoise)

Le doyen du 5 janvier 2016

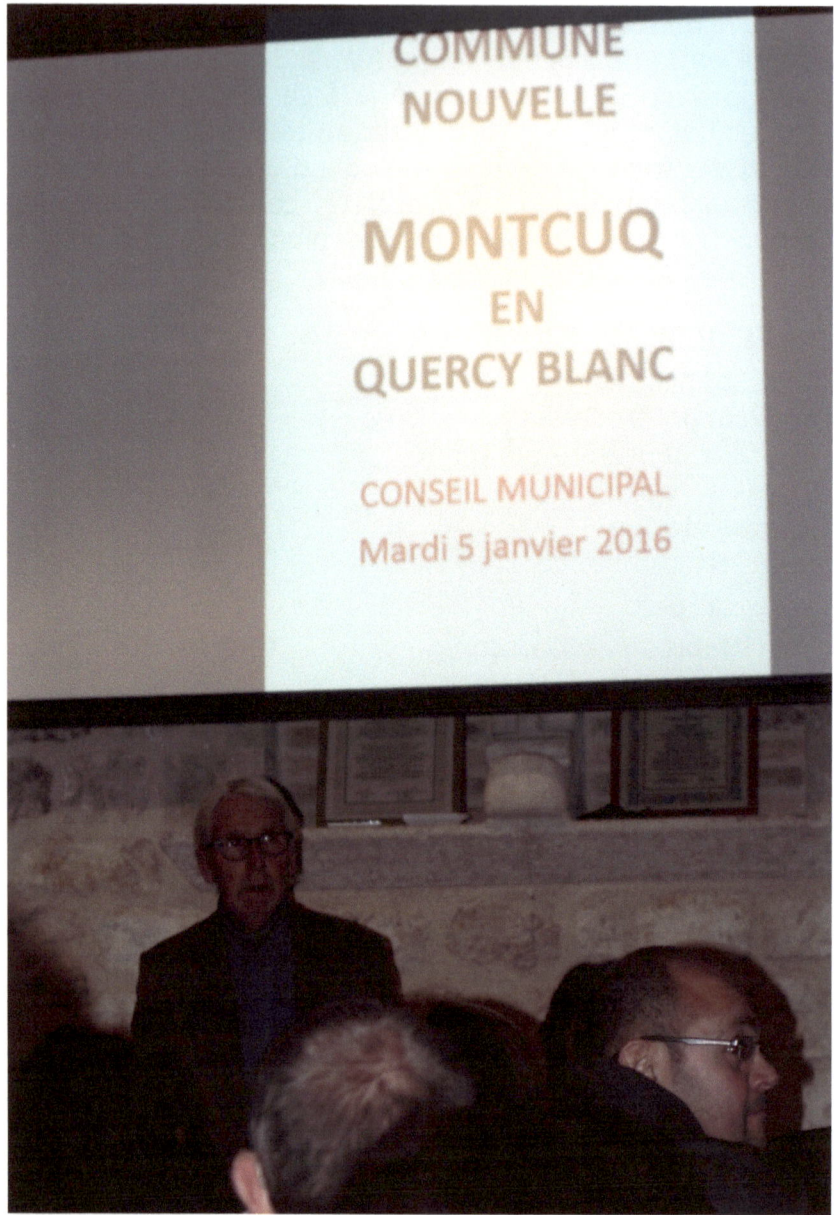

À 84 ans, Pierre Dhennin est délégué aux nouvelles technologies. Il est peut-être le plus compétent des 55 dans ce domaine ! La 3e adjointe semblant déconnectée.

L'identité des villages

« - Que répondez-vous aux élus qui craignent une perte d'identité, avec la constitution de Commune Nouvelle ?
- Il faudrait, d'abord, qu'ils nous définissent ce qu'est l'identité de leur commune. Je considère que Montcuq est davantage porteur, en termes d'image, que nos petites communes. Notre identité est le Quercy Blanc. »
P. Caumon, 7 octobre 2015, *La vie Quercynoise*.

L'interview réalisée par Didier Quet était titrée « *Commune Nouvelle « Montcuq-en-Quercy-Blanc », dynamiseur des petites communes. Entretien avec un maire convaincu.* » On peut imaginer la volonté d'insinuer *dynamiteur et...*

Elle se termine par « *J'estime avoir été utile au rassemblement des forces, nécessaire à la constitution de la Commune Nouvelle.* » Utile à son village ? Aux villages ? À la ruralité ? Nous n'en sommes pas convaincus.

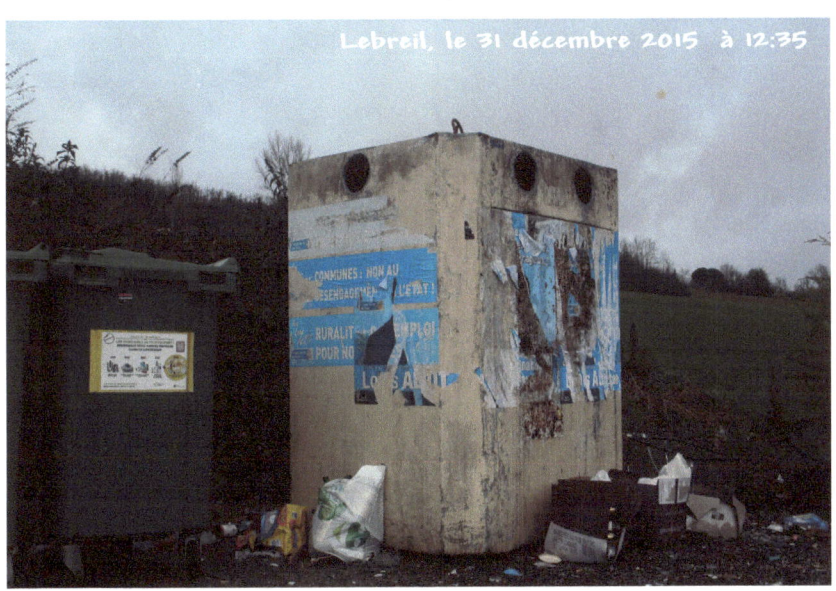

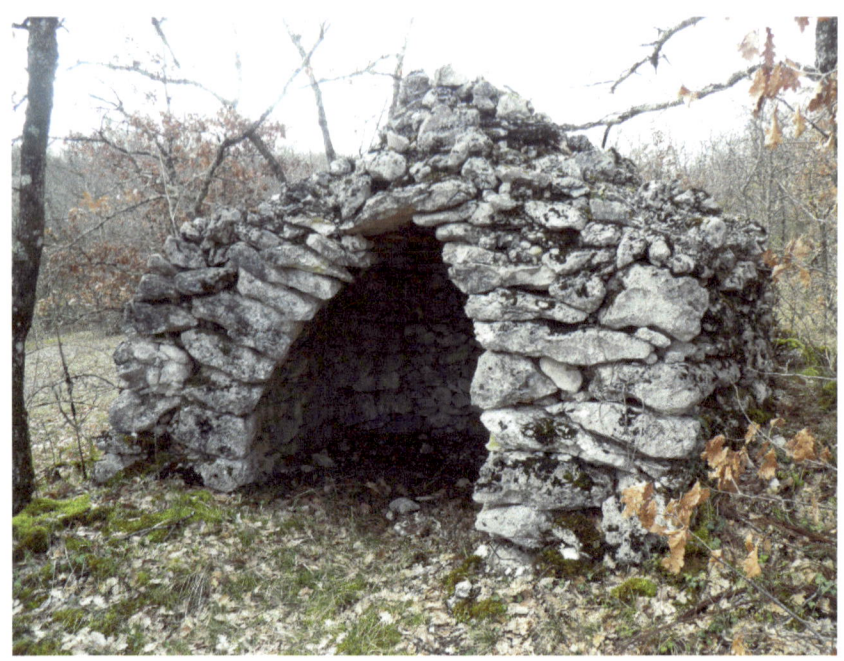

De la gariotte de Valprionde à la voiture de Montcuq, chacun présente sa conception du patrimoine.

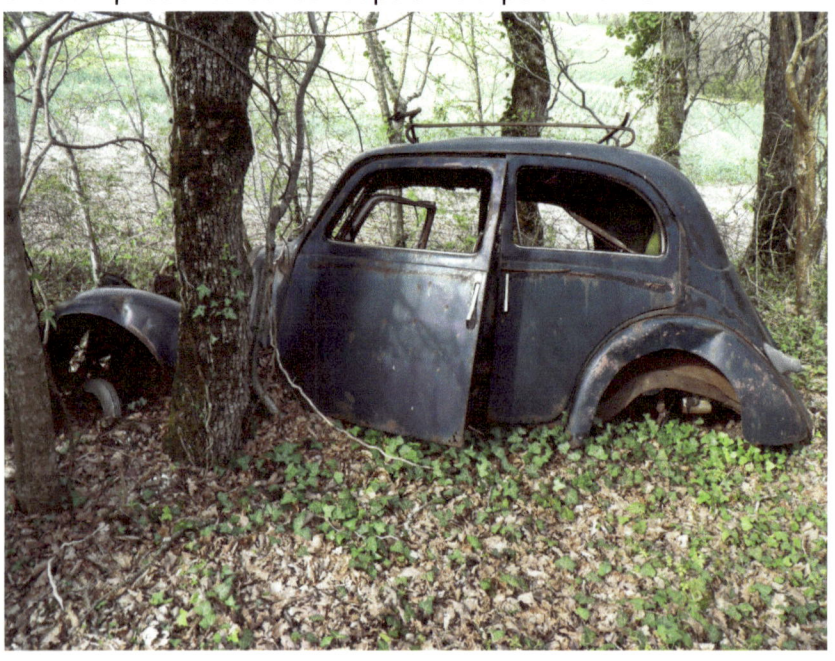

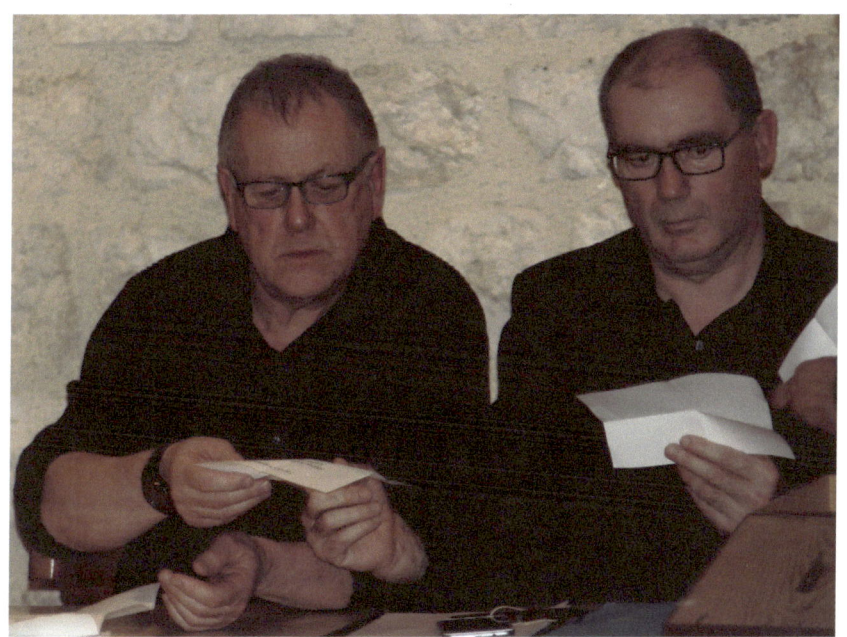

A. Lalabarde et P. Caumon le 5 janvier 2016.

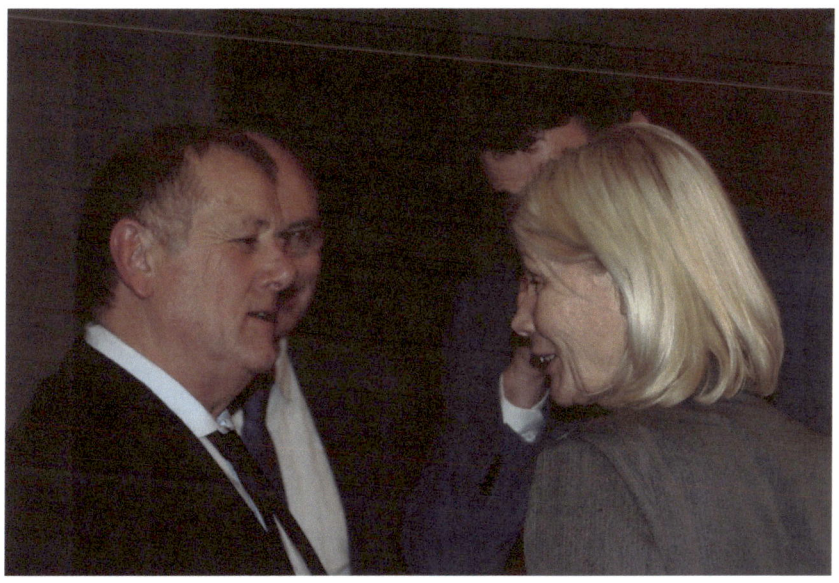

L'homme à l'oreille droite rouge et notre députée, le 22 janvier 2016.

Durant la Révolution

L'histoire de « *L'abbé Guillaume Solacroup de Lavaissière, prieur d'Escamps en Quercy, auteur d'un Projet de Nobiliaire de Haute-Guienne et de quelques brochures d'histoire* » nous est connue grâce à un peu de mémoire locale et les recherches de M. Henri Guilhamon (1892-1984) publiées confidentiellement en 1933… dont nous pouvons douter de la totale impartialité… Il ne précisait pas si le sujet l'avait intéressé à cause d'une lointaine parenté… mais notait « *Le rameau de Valprionde, établi en 1753 au domaine de Pailhas, encore représenté par M. Edouard Solacroup, propriétaire au château du Rocal (Lot-et-Garonne), et les familles Guilhamon, Bosq, etc.* »

En 1454 Pierre Solacroup reçut en fief de la baronne de Luzech, Fine de Rozet, dame de Lastours, le domaine de Ladevie (Belmontet), resté propriété de la branche aînée de la famille jusqu'à son extinction en 1861, en la personne de Marie-Jeanne-Paule Solacroup de Ladevie, veuve du chevalier de Testas de Folmont, ancien député du Lot.

Guillaume Solacroup de Lavaissière est né sur la paroisse de Saint-Amans de Cabremorte (passée à Lebreil avant de disparaître). « *L'église Saint-Amans de Cabremorte fut désaffectée en 1791. Elle se composait d'une petite nef rectangulaire terminée par une abside en demi-cintre. Il ne reste plus aujourd'hui que quelques pans de murs. Elle est isolée dans la vallée de la Barguelone, tout au bord du ruisseau, non loin de la route de Montcuq à Lauzerte et de la borne-limite des deux départements du Lot et du Tarn-et-Garonne. (…)*
Les registres de Catholicité de la paroisse de Saint-Amans de Cabremorte étaient conservés, il y a une dizaine d'années, à la sacristie de l'église de Caminel (commune de Lebreil) ; ils commençaient en 1740. Dans les documents révolutionnaires, l'abbé de Lavaissière est

dit natif de la commune de Lebreil. Son acte de décès est très précis. Il le dit décédé le 27 octobre 1811, à l'âge de 78 ans, 11 mois et 9 jours, ce qui porterait à croire qu'il était né le 18 novembre 1732 mais le pouillé du diocèse de Cahors, dit de Danglars, donne comme date de naissance l'année 1733. »

Sa famille habitait le domaine du Guel (Lebreil). Son père : Jean-Baptiste Solacroup : « *Marié une première fois en 1715, avec demoiselle Agnès Vidal de Lapize (d'une famille noble du Haut Quercy), morte des suites de couches l'année suivante, il se remaria le 31 mai 1719 avec une autre demoiselle de la noblesse, Marie-Anne de Vernhes de Monplan qui l'apparenta aux meilleures familles de l'aristocratie quercynoise : les Cruzy-Marcilhac, les d'Escayrac de Lauture, les de Pugnet, les de Laborie de Rouzet, les Vernhes de Lastours, les Saint-Exupéry, les Gozon, les Durfort-Boissières même. (...) Jean-Baptiste Solacroup avait d'abord mené l'existence un peu oisive des bourgeois campagnards de son temps. Après son premier mariage, il avait habité sa maison noble de Lavaissière pompeusement décorée du titre de château dans l'acte de décès de Mlle de Lapize. De 1720 à 1729, il avait réintégré la maison paternelle au village de l'église de Belmontet, moins prétentieuse mais plus confortable. En 1729, il s'était transplanté au Guel qu'il venait d'acquérir. Ayant sans doute l'humeur vagabonde et déjà le goût des affaires, il revendit cette propriété en 1733 pour acheter à ses deux beaux-frères, Mathurin et Henry de Vernhes, moyennant la somme assez considérable de dix mille livres, le château de Monplan et l'important domaine qui en dépendait.* »

Il y vécut sûrement très accaparé par la supervision de son exploitation aux « *quatre à cinq métairies.* »

Jean-Baptiste Solacroup, lancé dans les affaires en 1739 : « *associé aux grands négociants moissaguais, les sieurs Jean et Jacques Gouges père et fils dont la maison* de commerce était une des plus considérables de Guyenne, il trafiqua sur les vins et les grains. Il achetait les vins rouges de Cahors, les faisait transvaser, préparer et embarquer sur le Lot à destination de Bordeaux. Là ils rejoignaient d'autres cargaisons venues aussi de Moissac par bateau que ses associés expédiaient aux Antilles... »

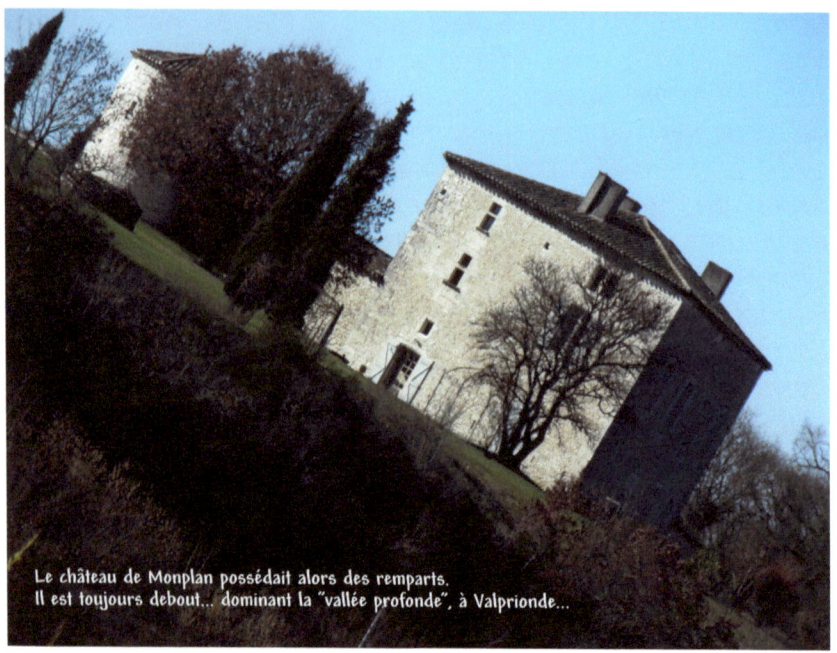

Le château de Monplan possédait alors des remparts.
Il est toujours debout... dominant la "vallée profonde", à Valprionde...

Qui va s'indigner de cet enrichissement ? « *Cette belle activité fut de courte durée. Brusquement, en 1747, soit que la guerre maritime franco-anglaise eût paralysé le commerce des Antilles, soit tout autre motif, il fallut déposer le bilan. À la requête des sieurs Gouges, le séquestre fut mis sur tous les biens du sieur de Lavaissière, séquestre assez anodin puisque la garde en fut confiée à sa femme. Un procès s'ensuivit. Comme en ce temps-là la justice était un peu lente, presque tous les intéressés étaient morts quand cette affaire fut liquidée à l'amiable vingt-sept ans après.* »
On écrira peut-être la même chose dans deux siècles de

notre affaire Tapie. Qui ne semble pas payer de taxe d'habitation sur le territoire de Montcuq.

Jean-Baptiste Solacroup était mort dans son château vers 1762. Sa femme l'avait précédé, le 10 août 1760, à 58 ans.

L'auteur précisait « *Le château de Monplan, qui subsiste toujours, est situé sur une éminence dominant le petit vallon au fond duquel se cachent, dans la verdure, l'église et le village de Valprionde. C'est une construction du XVIIe siècle, avec de larges fenêtres à meneaux.* »

Les enfants : Louis, l'aîné, appelé Mr d'Hébrard « *était destiné à continuer la lignée, les cadets devaient, comme on dirait aujourd'hui, se faire une situation ; ils choisirent l'armée et l'église.* »

Guillaume fit « *de solides études classiques, au collège royal de Cahors, fort probablement.* » Armée, abandon de l'armée, entrée au séminaire.

« *Pourquoi ce changement ? Raisons de familles ; vocation tardive ? Dans la mesure où les conjectures sont permises, il semble bien qu'il y ait eu les deux à la fois.* » Il n'en sait rien, et moi non plus. Louis et Henri morts vers 20 ans, il était devenu l'aîné. Mais la fortune de l'enfance s'est transformée en "temps difficiles". Il y eut des riches pauvres à Valprionde ! La religion pouvait sauver la famille ! On peut douter de sa "vocation".

Guillaume, ordonné prêtre en 1760 est immédiatement nommé vicaire de « *l'importante paroisse de Saint-Hilaire de Durfourt (entre Lauzerte et Moissac). Le 25 mars 1764, il fut pourvu de la cure de Sainte-Croix de Panéjouls, une des plus riches du diocèse de Cahors. En 1773, il se résigna en faveur de son ami l'abbé de Galard de Salledebru (celui qui sera abbé de St-Maurin et mourra sur l'échafaud à Bordeaux, en 1793) et passa le 29 mars de la même année à celle de Concots.* »

Néanmoins : « *L'abbé de Lavaissière délaissa le chef-lieu de la paroisse pour aller habiter l'annexe d'Escamps où il avait acheté une maison qui fut vendue comme bien* national. Mais depuis longtemps il s'intéressait à l'histoire locale et avait abandonné à trois vicaires le soin des âmes de sa vaste paroisse. » Vocation, vocation... On peut se réjouir de l'existence de ce brave homme qui essaya de ne pas se laisser emporter par son siècle : « *Pour n'avoir plus à s'occuper du ministère paroissial et s'assurer en même temps une large aisance, il chercha à faire revivre à son profit l'ancien prieuré. Sous prétexte de faciliter le ministère paroissial, la cure de Concots fut démembrée ; les deux annexes furent érigées en cures indépendantes en 1779 et les trois nouveaux curés de Concots, d'Escamps et de Cremps mis à la portion congrue. Les fruits décimaux des trois paroisses étaient perçus par le titulaire du bénéfice simple, recréé sous le nom de prieuré d'Escamps et dont l'évêque se réserva la collation. L'abbé de Lavaissière ayant fait sa démission en 1778 entre les mains de l'évêque de Cahors de sa cure de Concots fut naturellement pourvu du nouveau bénéfice. Ainsi se trouvait réalisé son plus cher désir : la liberté et des ressources pour pouvoir s'occuper exclusivement de recherches généalogiques et historiques.* »

Un homme dont le « *plus cher désir* » consiste à obtenir « *la liberté et des ressources pour pouvoir* » lire et écrire ne peut pas être mauvais. Même s'il s'agissait de « *s'occuper exclusivement de recherches généalogiques et historiques.* »

Un M. de Combarieu, seigneur de Montlauzin, lui écrirait : « *je vous félicite de vous défaire de votre bénéfice ; il vous en coûte de l'argent, mais vous serez content et tranquille, c'est tout ce que l'on peut désirer.* »

Les siècles passent et la vie, finalement, varie peu : « *vous serez content et tranquille, c'est tout ce que l'on peut désirer.* » Certains néanmoins pensent nécessaire de participer à la folie, à la dérive du monde...

En 1779, il se réinstalla dans la maison de son enfance, à

Monplan. « *C'est là qu'il vécut heureux au milieu des livres et des vieux papiers.* »

« *Pour se débarrasser de tout souci matériel, il avait affermé, le 7 juin 1785, devant Ramel, notaire à Cahors, son prieuré d'Escamps à MM. Jordanet et Laroche, bourgeois de Cahors, moyennant la somme de 4.826 livres quittes de toutes charges.* »

L'auteur actualise la somme à plus de 80 000 francs de 1933. 1 franc de 1933 valant selon l'Insee 0,64364 euros en "monnaie constante", avec plus de 50 000 euros par an, n'importe quel écrivain vivrait tranquille dans le Quercy.

Tout le monde était content ? « *Si ces arrangements avaient fait le bonheur de l'abbé de Lavaissière, ses ouilles en furent fort mécontentes. En 1789, les paroissiens d'Escamps font entendre des plaintes amères contre ce prieur, gros décimateur, qui en démembrant son bénéfice a trouvé moyen de se faire « un gros revenu qu'il dépense à huit lieues de cette communauté, sans jamais lui donner le moindre secours. Il perd totalement de vue, ajoutent-ils, le principe et l'origine de l'institution des biens de l'église en abandonnant ces pauvres infortunés desquels il n'oublie pas de percevoir le 1/7e des fruits qu'ils font produire au stérile terrain qu'ils possèdent.* » »

Hé oui, il était né du côté des exploiteurs. Naturellement, depuis, l'abolition des privilèges a humanisé notre pays. Hum, hum...

Pourrait-on, aujourd'hui, à l'instar de ces gueux, dénoncer des élus, qui trouvent moyen de se faire un gros revenu sans jamais se soucier de leurs administrés, en ayant perdu totalement de vue, les valeurs républicaines ?

L'auteur semble porter une petite affection à son héros : « *Qu'on ne se hâte pas trop de blâmer l'abbé de Lavaissière. Il était de son temps ; on ne peut pas lui en faire grief. Par ailleurs, nous savons qu'il n'était pas resté insensible à la misère de ces pauvres gens. Dans son projet de nobiliaire il écrit : « Tandis que je remplirai la tâche pénible que je viens de m'imposer, la Noblesse me refusera-t-elle quelques secours pour des malheureux à qui je dois le loisir que je lui consacre ? Mon bénéfice s'étend sur un territoire de treize lieues de circonférence. Plusieurs milliers de faméliques travaillent ce sol ingrat qui, de l'aveu de tous les cultivateurs, est le moins susceptible de rapport qu'on connaisse dans la Haute-Guienne. Je crois sûr d'exciter la commisération de l'homme le moins sensible en lui montrant le pain que mangent les meilleurs habitants de cette terre infortunée. Il n'y a dans tout ceci rien d'hyperbolique : telle est la véritable situation des pauvres laboureurs à la sueur desquels je dois mon existence. Mon devoir et mon cœur me rappellent sans cesse cette affligeante vérité, et l'étroite obligation où je suis de leur rendre compte de l'emploi de mon temps. Je joindrai donc à ce que je puis leur donner, la petite contribution que chaque Gentilhomme me permettra de lui imposer pour prix de sa généalogie. Cette contribution sera déposée par le Gentilhomme même entre les mains d'un des trois curés qui desservent mon bénéfice ; elle ne parviendra jamais jusqu'à moi et sera distribuée tout de suite aux plus pauvres habitants de mes paroisses. » »*

Vive les Gentilshommes ! Un peu de charité dans une société où il convient de respecter les hiérarchies. Ainsi, que l'on ne se hâte pas trop de blâmer les puissants, ils ont leurs bonnes causes, leurs charités. Certes de préférence fiscalement déductibles. Il était de son temps, on ne peut pas lui en faire grief ! Comme nos maires auxquels on a inculqué les bonnes manières économiques durant les années 1980 ? Il faut réussir ! Et donc les gros se doivent de lancer des OPA sur les largués de la modernité.

Quant à l'argent des *Gentilshommes*, combien de « *pauvres laboureurs* » en ont vu ?

Ces écrits nous offrent également un tableau de l'état de notre région. « *Tu te crois pauvre ? Change de siècle et tu seras riche* » écrivait Sénèque dans sa lettre 17 à Lucilius.

Le premier titre de gloire de l'abbé de Lavaissière : : « *un pauvre gentilhomme des environs de Montcuq, Antoine-Joseph-Thérèse de Montagu, qui se titrait de seigneur de Solabel (nom d'un petit domaine presque entièrement rural que possédait sa mère à Montlauzun), put se faire reconnaître comme le parent éloigné du doyen de Notre-Dame. Tous deux descendaient en effet de l'illustre maison de Montagu-Mondenard qui avait fourni au XIIIe siècle un abbé de Figeac, un abbé de Moissac et le fameux Sicard, évêque de Cahors. Le neveu de l'abbé de Montagu étant mort en 1774, celui-ci fit venir à Paris son lointain parent, le fit entrer dans le régiment des Gardes-Françaises et lui procura les honneurs de la Cour en 1784.* »

Ainsi naquit l'autoroute diplomatique Montcuq-Paris sur laquelle Maurice Faure sut réaliser des excès de vitesse ? Quant à Antoine-Joseph-Thérèse de Montagu, « *deux ans après, il le mariait avec une des plus riches héritières de France, Mlle de Rochechouart-Pontville et lui faisait prendre, à cette occasion, le titre pompeux de marquis de Montagu-Lomagne auquel il n'avait que de très problématiques droits.* »

Forcément cette réussite suscita de nombreuses envies dans la noblesse... Il aurait pu préférer la littérature mais « *l'agitation et la perplexité où j'ai vu les anciennes familles qui aspirent aux honneurs de la Cour et surtout le plaisir que j'ai goûté plus d'une fois d'être utile à des gentilshommes pauvres en les faisant connaître, en leur procurant des secours, tout cela m'a fait concevoir le projet du Nobiliaire de la Haute-Guienne.* »

Ils aspirent aux honneurs de la Cour comme nos maires à ceux de la Préfecture ? Il aimait les pauvres, les pauvres de la noblesse. Comme Sénèque soutenait déjà les pauvres parmi les citoyens romains. Comme peut-être François Hollande prétend être du côté des pauvres, les pauvres de sa classe... Quant aux sans-dents...

Ainsi « *pendant les cinq années qui précèdent la Révolution, les liasses de vieux papiers s'amoncellent dans son cabinet de travail de Monplan.* »

L'abbé de Lavaissière raconte, écrit à un certain M. de Flaujac, le 24 février 1787 : « *Les notaires qui vous refusent leurs minutes ne savent pas ce qu'ils font puisque ce n'est qu'en les prêtant qu'ils peuvent en tirer quelque chose. On m'envoie 500 registres au moins tous les ans de l'extrémité des deux provinces, et les gardes-notes qui savent que je ne travaille que sur des originaux se sont enfin décidés à les livrer, parce qu'ils ont bien senti que sans cela leurs offices ne rendraient rien.* »

Le premier volume devait paraître en novembre 1787. Et il n'en fut pas ainsi. L'auteur en ignore la raison. Puis ce fut la Révolution...

Toujours officiellement prêtre et vivant sur le dos de « *plusieurs milliers de faméliques* », il ne fut pourtant pas guillotiné.

Le 24 décembre 1804, l'abbé de Lavaissière écrivait au comte Jean-Baptiste de Galard de Salledebru : « *Je me suis occupé très longtemps des recherches nécessaires pour consommer la généalogie de votre famille et j'avais déjà les matériaux qui l'auraient portée très loin et d'une manière très brillante, mais la plupart de mes registres ont péri avec les archives de plusieurs familles lorsque les révolutionnaires vendirent mon bien, ma maison et mes meubles et firent un feu de mes papiers pendant huit jours.* »

"Les révolutionnaires", il s'agit donc des simples gens de Valprionde et peut-être des environs, Belmontet, Ste Croix... Un feu de joie.... Pourtant à la Bibliothèque fonds anciens de Cahors, il existe un "*Nobiliaire de Lavaissière*", un volume cartonné de 550 pages, sauvé des flammes... En 1903 il fut découvert dans la bibliothèque d'un collectionneur cadurcien, un certain M. Greil, et acheté par la ville.

Dans un mémoire, l'abbé de Lavaissière aurait raconté son errance durant "la Terreur", dont plusieurs mois « *dans les forêts et dans des carrières sans être vu de personne que d'une femme charitable qui lui portait à manger.* » On peut également douter de cette version...

Inscrit sur la liste des émigrés le 4 octobre 1793, ses biens avaient été confisqués. Le 14 pluviôse an II, sa maison d'Escamps fut vendue 5150 francs en assignats. Le 26 fructidor an II, le domaine de Monplan partait pour 87065 francs. Chercher une "valeur actualisée" ne signifie pas grand chose. Même en actualisant, la pauvreté des "classes populaires" leur rendait toute acquisition quasi impossible.

La légende locale prétend que le domaine fut acquis pour deux bœufs... pris dans l'étable et des chapons. Quant à Solacroup de Lavaissière, il se serait enfui de son château par un souterrain après avoir convié les villageois à un festin où fut déjà tué un bœuf. Ce souterrain constitue une énigme et légende : son existence semble avérée par les transmissions orales, il aurait été rebouché pour éviter un drame, les enfants aimant y jouer. Quand ? L'actuel propriétaire, M. Peter Martin, l'a cherché en vain, depuis les années 1970, l'entrée comme la sortie du tunnel.

En 1918 M. Henri Guilhamon déclarait « *En trompant la vigilance des administrations révolutionnaires il se réfugie dans une famille de paysans, et y reste caché pendant la Terreur.* »

En 1934 : « *L'abbé de Lavaissière ne nous a pas révélé le lieu de sa retraite. Il y a tout lieu de croire qu'il était revenu dans la région de Montcuq, auprès de sa famille. C'est en somme là qu'il pouvait être le plus efficacement secouru.* »

L'un de ses parents, Solacroup de Latour, dirigeait « *l'administration cantonale.* » Solacroup Antoine est noté maire de 1792 à 1803 sur le tableau d'honneur de Montcuq. De Folmont Charles le serait de 1826 à 1830.

Puis il y eut le calme, avant la mort. Chez sa sœur, au domaine de Garrigou (Lebreil), où leur frère Jean-Baptiste, chanoine de Montpezat exilé en Espagne, les rejoint.

Il hérita du domaine de Garrigou à la mort de cette sœur, le 6 juin 1807, partie après avoir enterré l'ensemble de ses enfants. Et c'est là, le 27 octobre 1811, qu'il s'éteint.

« *Il fut inhumé le lendemain dans le cimetière de l'église de Lebreil au pied de la Croix paroissiale.* » Il n'en reste aucune trace. Ses biens revinrent principalement à l'élu de Montcuq l'ayant "protégé"...

Durant cette vie, les communes furent créées.

Le décret de l'Assemblée nationale du 12 novembre 1789 : « *il y aura une municipalité dans chaque ville, bourg, paroisse ou communauté de campagne.* » La loi du 14 décembre 1789 proclamait « *Les municipalités actuellement subsistantes en chaque ville, bourg, paroisse ou communauté, sous le titre d'hôtel de ville, mairies, échevinats, consulats, et généralement sous quelque titre et qualification que ce soit, sont supprimées et abolies, et cependant les officiers municipaux actuellement en service, continueront leurs fonctions jusqu'à ce qu'ils aient été remplacés.* »

Ainsi furent créées les communes françaises telles que certains s'acharnent depuis 1971 à les accuser des pires maux pour les détruire.

Même si ce château ne fut pas détruit, même si l'assaut fut "imparfait", ils se sont bougés, ils n'ont pas regardé passer l'histoire comme des veaux.

Doit-on en sourire ? L'actuel propriétaire, américain, du domaine de Monplan est considéré, peut-être à tort, comme l'homme le plus riche de Valprionde, de rentes...

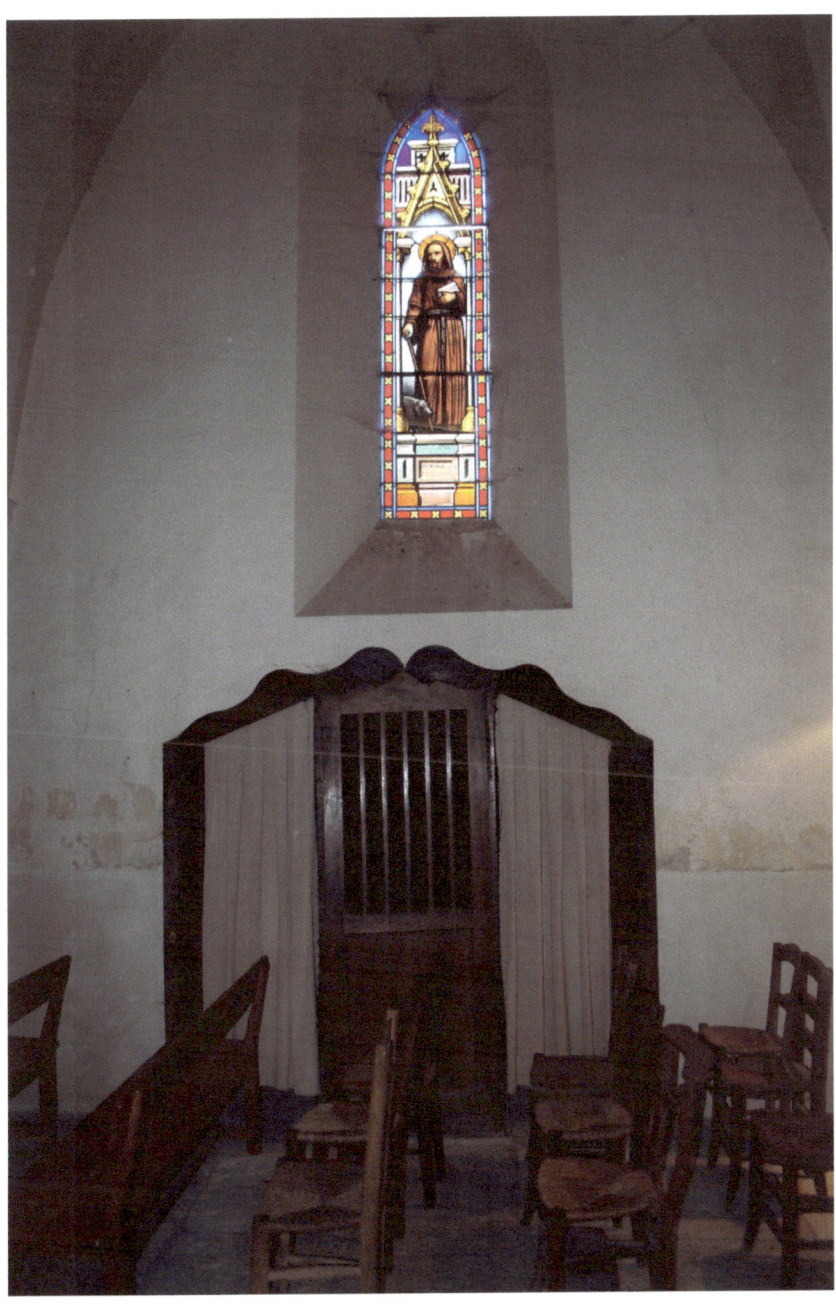

De nombreux St Antoine sur les vitraux de Montcuq-en-Q-B. Ici à Rouillac. Il ne semble pas inspirer nos élus.

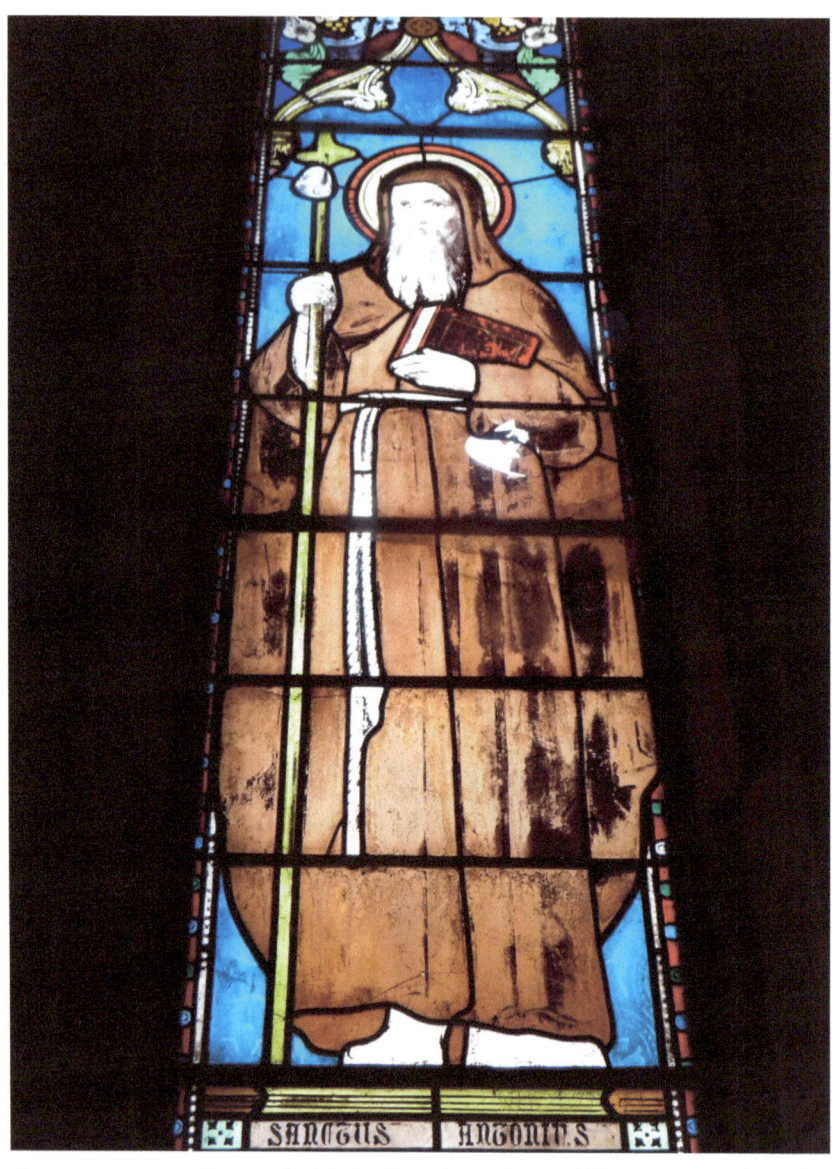

Sans son cochon, à Valprionde, dans l'église qui lui fut dédiée lors de sa restauration / transformation à la fin du XIXe. Précédemment Saint Sulpice. Un document de septembre 2013 où l'on admire le magnifique passage, sûrement, d'une petite pierre. Aucune signature des vitraux mais il s'agit d'un œuvre réalisée par Gesta.

La chapelle du XIIIeme siècle

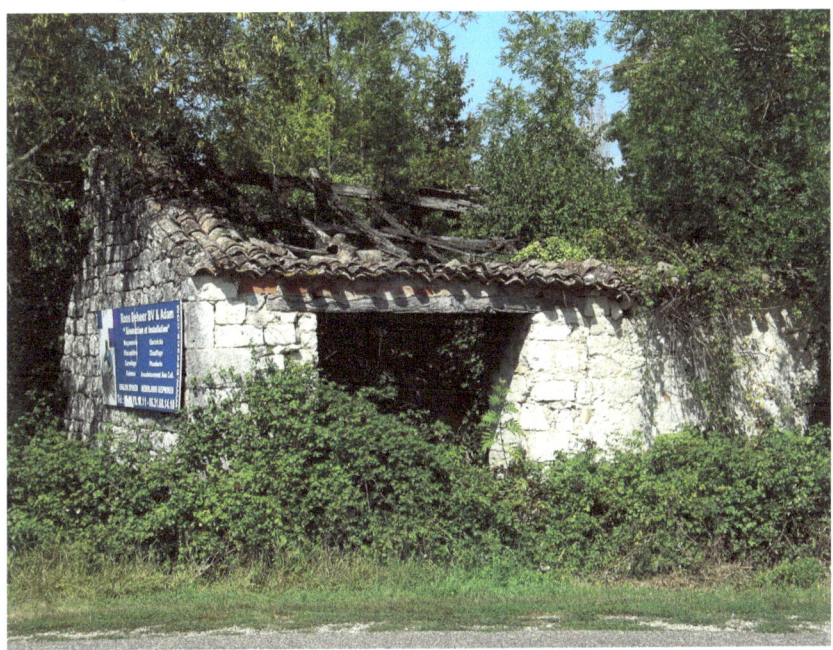

Cette grange a été rasée en toute légalité par son propriétaire. L'absence de protection du patrimoine local éclata alors en pleine face des élus. Histoire racontée en 2012 dans le livre : *La grange de Montcuq était une chapelle du XIIIeme siècle.* Depuis ?

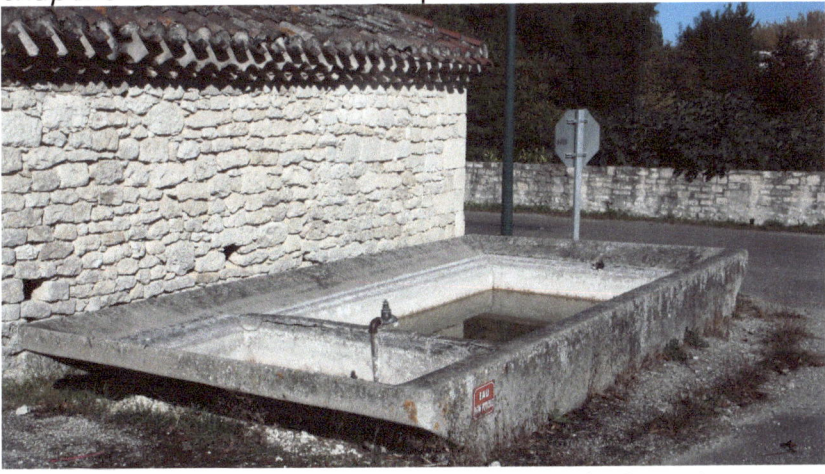

Vous souhaitez de l'eau potable ? Payez la Saur !

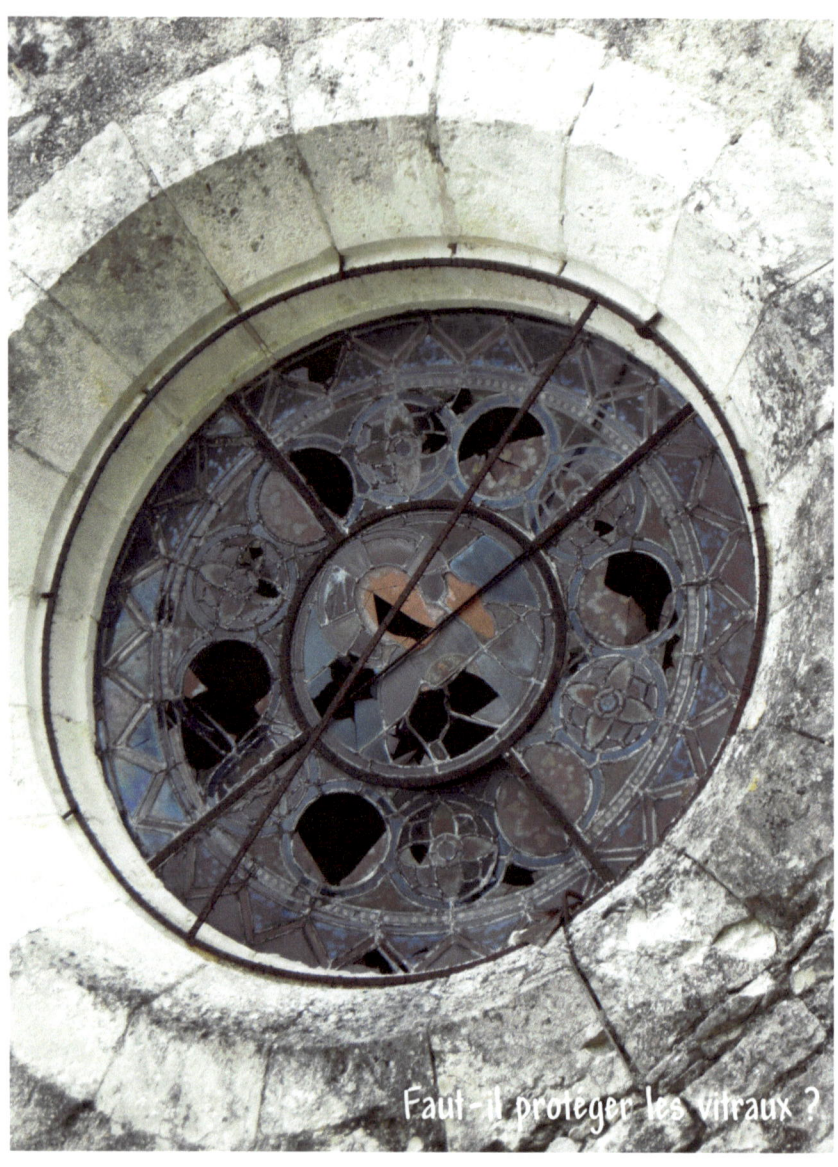

Faut-il protéger les vitraux ?

Onze églises. Et de nombreux vitraux laissés au bon vouloir des lanceurs de cailloux... On aime le patrimoine ici ! Même quand ce vitrail fut réparé grâce à l'assurance des parents du jeune coupable, aucune protection ne fut ajoutée...

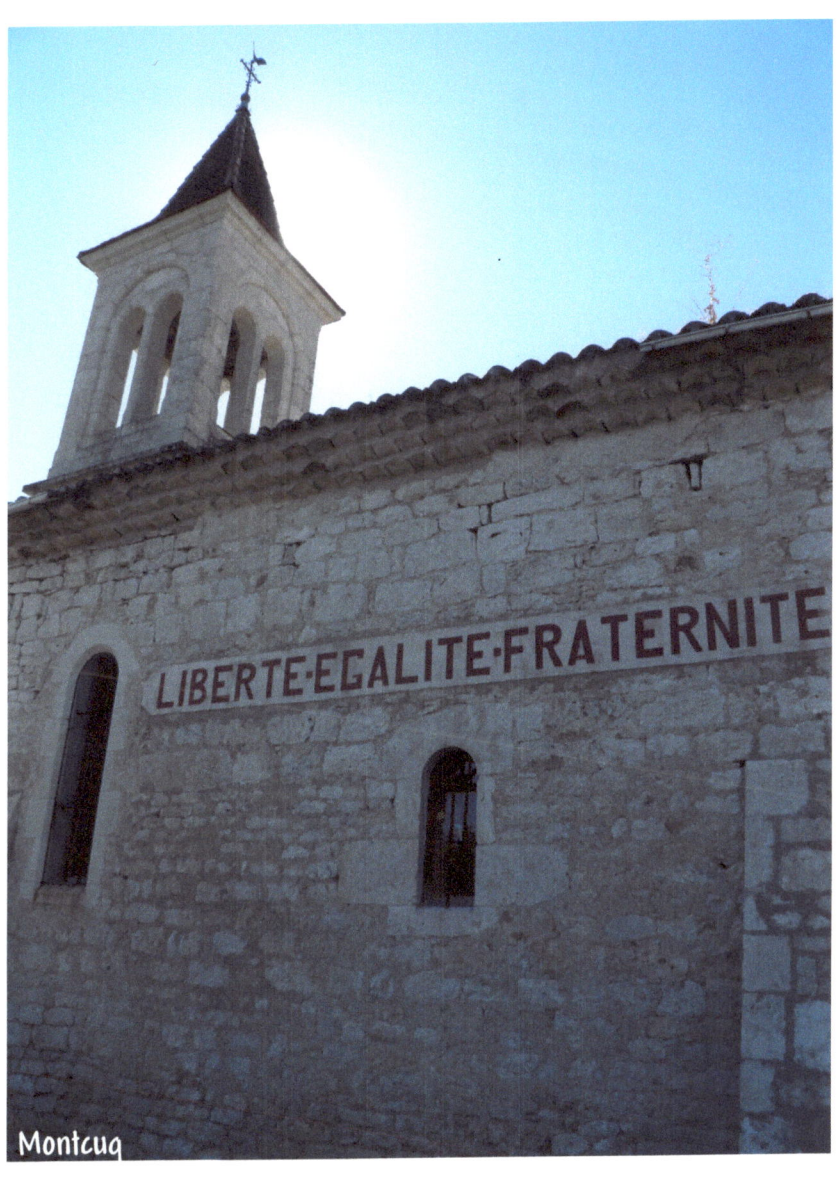

D'autres seront vendues ?

La petite Maurytanie

Ce rappel d'un passé proche me vaudra également quelques "retours de bâton" ? Il appartient à la petite histoire de Montcuq. Je n'ai rien à ajouter sur cette période : c'est face à eux, quand ils sont au pouvoir, qu'un écrivain argumente. Je n'ai pas de leçon de décence à recevoir des éternels agenouillés... Je suis même "presque choqué" d'entendre Daniel Maury critiqué par ceux qui n'osaient pas lever un petit doigt.

En janvier 2007, je publiais "*Montcuq : libérer la petite Maurytanie*" dans "*Global 2006*". Le texte fut et reste abondamment présenté sur Internet. Aucune réaction officielle. J'ai parfois recroisé Daniel Maury. La dernière fois, le 6 mars 2008 : il souhaitait poursuivre sa carrière, avec un nouveau mandat de Conseiller général.

Je m'étais rendu une fois dans son bureau de maire de Montcuq, après qu'un employé communal n'ait pas respecté le droit de vendre des livres sur la voie publique, même les jours de marché, quand aucun décret local ne l'interdit. C'était le 25 juillet 2002. Il s'était voulu aimable, "de gauche"... Lui ayant alors proposé l'organisation d'un salon du livre, en partenariat avec salondulivre.net, j'avais compris son enthousiasme limité pour les initiatives culturelles "individuelles", son souhait d'un contrôle par des inféodés... Peu après fut lancé un "festival de chansons" avec Daniel Maury sur les photos et en programmation les ami(e)s de l'organisateur. Mais c'est subventionné !

Jeanine Ausset a hérité du poste au Conseil Général, où elle fut estampillée PRG... ce qui surprit dans le canton ! Après petite enquête elle semblait se considérer « sans étiquette » mais acceptait le "tatouage".

« *Touché par des problèmes de santé qui ne lui permettent plus d'assumer ces fonctions avec la rigueur et l'engagement qui ont toujours caractérisé son action, Daniel Maury, conseiller général PRG de Montcuq vient d'envoyer sa lettre de démission au préfet du Lot, après en avoir averti le président du conseil général, Gérard Miquel* » notait sa *Dépêche du midi* le 4 octobre 2012. Le même quotidien, propriété de Jean-Michel Baylet, président du PRG, consacrait peu de place, finalement, à la dernière étape, publiée le 8 février 2013 : « *Daniel Maury, dans tous les cœurs* », sous-titré « *Un millier de personnes à Saint-Cyprien.* »

On ne peut rien reprocher à Laurent Benayoun : quand on accepte de travailler dans un tel "organe de presse", il faut suivre. « *Une immense foule a partagé, hier, à Saint-Cyprien, la douleur de la famille de Daniel Maury. L'ancien maire et conseiller général PRG de Montcuq s'est éteint lundi à l'âge de 66 ans.* »

Selon ses informations, la foule eut droit à de la musique, du Nino Ferrer « *On dirait le Sud* ». Saint Cyprien oblige ! Les « *élus (le conseil général au grand complet, les maires du Quercy Blanc), personnalités (Maurice Faure, Bernard Charles, très affecté, la veuve de Nino Ferrer) ont accompagné Daniel Maury ailleurs.* »

Gérard Miquel aurait parlé : « *Daniel était un homme attachant, passionné, engagé. Il était simple, tendre et humain avec les autres* ». Il n'est pas précisé s'il est parvenu à convaincre son auditoire de sa sincérité.

Dominique Orliac, la députée, non citée parmi les élus ni les personnalités, était bien présente, elle « *termina son hommage au bord des larmes.* » Auparavant, elle avait, à son tour, salué « *l'humaniste au lien si fort avec le Quercy Blanc. Il avait imprimé son empreinte à ce territoire. Daniel était aimé et respecté. Il était fidèle à ses convictions radicales et républicaines. C'était un homme de terrain, qui avait le sens du consensus* ». Pour le médecin devenue amie "*Daniel regardait la maladie sans ciller. C'était un géant d'amitié*" ». Un géant ! Vu de quelle fourmilière ?

Trois jours plus tôt, le même journaliste avait été chargé, dans un article plus long, d'apprendre la nouvelle à son fidèle lectorat, osant même écrire, faute peut-être

de vocabulaire plus dithyrambique (mot peut-être inconnu des abonnés) : « *L'élu de Saint-Cyprien, et du canton de Montcuq, était un homme respecté de tous. Un élu engagé, proche des gens et défenseur acharné de sa terre.* » Au montage, peut-être, une précision fut gommée "Proche des gens du PRG" ? Quant à la formule sur l'homme respecté de tous, c'était certes la circonstance pour la placer et il est vrai qu'on ne m'a pas signalé de feux de joie ni d'artifice, pas même de défilés. Je pense qu'il y eut une grande indifférence : si ce n'avait pas été lui, c'aurait été un autre ; c'est le système qui est mauvais, qu'il faut changer, les opportunistes qui accaparent les places méritent un simple sourire insoumis, sûrement traduit dans de nombreux foyers par l'envie de reprendre l'apéritif ou des pâtes aux œufs frais. Il eut également droit au label assimilable au certificat du Paradis : « *Une figure du radicalisme lotois vient de disparaître.* » Un passage essentiel pour qui veut comprendre, peut-être même comprendre la vie ! Le journaliste n'y a peut-être pas pensé, se contentant de rapporter des faits, ce qui est tout à son honneur... « *Sa carrière politique, qu'il avait dû délaisser du fait de sa maladie, aurait pu prendre une autre tournure en 2002. Daniel Maury avait, en effet, remplacé au pied levé Bernard Charles, député de la première circonscription, qui avait renoncé à se présenter aux législatives. La désunion de la gauche ajoutée à la Berezina de la défaite de Lionel Jospin avaient conduit son adversaire de droite, Michel Roumégoux, à la victoire. Daniel Maury avait été blessé par cet épisode. Il s'en remit lentement pour repartir à l'assaut, se réfugiant sur ses terres du Quercy blanc et au bord des terrains de foot, son élément naturel.* »
Daniel Maury blessé de ne pas être député sur des terres qualifiées d'ancrées à gauche ! Il y a donc vraiment cru ! Il y perdait même rapidement, après cette aventure, son bref leadership lotois, remplacé par la femme au bord des larmes en 2013, qui elle réussirait à l'emporter en

2007. Il dut alors comprendre qu'il ne serait jamais député... Tout était perdu ! Tellement de pouvoirs mais incapable de franchir la marche suivante ! Devoir se limiter au canton de Montcuq, et peut-être ne même pas résister à la fusion avec celui de Castelnau-Montratier ! La maladie est entrée par cette blessure ? C'est fragile, une vie, "un rien" peut la briser...

Parmi les réactions, celle de Martin Malvy, qui ne se déplacerait donc pas à l'enterrement : « *C'est avec beaucoup tristesse que j'apprends la disparition de Daniel. C'était un homme d'action, un élu rigoureux, passionné par ses fonctions de maire, de président de communauté de communes. Daniel a longtemps présidé l'office HLM du Lot. Il s'était là aussi dévoué au développement de notre département.* »

Il convient donc d'en conclure qu'il n'y eut ni réaction ni accompagnement à la dernière demeure, chez Jean-Michel Baylet, pour lequel Daniel Maury fut pourtant un bon soldat cantonal. Eh oui, mec, fallait au moins devenir député, alors là peut-être même serait-il venu accompagné de Sylvia Pinel.

Lundi 15 décembre 2008, soit quelques mois après sa réélection au Conseil Général, Daniel Maury avait laissé son fauteuil de maire à son premier adjoint, Guy Lagarde. Une forme de continuité : un ancien assistant parlementaire de Bernard Charles puis de Gérard Miquel. Aucune "révolution culturelle."

Les mauvaises langues ont osé en conclure qu'on peut rester au Conseil Général même si l'on n'est plus en capacité d'exercer son travail quotidien...

Montcuq : libérer la petite Maurytanie (2006).

Dire Lot est un mensuel lotois. Pascal Serre, directeur de la publication, titre son éditorial, en février 2004, « *les clans ont la vie dure* ». Il y dénonce « *le fameux clientélisme dont, à l'époque, personne ne s'est plaint et, sur lequel, aujourd'hui se vautrent toutes les excuses des retards constatés.* »

[précision notée lors d'une réédition en 2013 : « *ceux qui accusent les autres de clientélisme sont souvent ceux qui n'ont pas réussi à être élu ou réélus. Faire de la politique, c'est être à l'écoute et, par définition, chercher à rendre service* » pourrait lui répondre Martin Malvy dans "Des racines, des combats et des rêves", ses entretiens avec Jean-Christophe Giesbert et Marc Teynier, publiés le 7 octobre 2010, par Michel Lafon]

Gérard Miquel était annoncé successeur probable de Jean Milhau, une manière de tourner la page PRG, Parti Radical de Gauche, dont les origines sont détaillées plus loin : 1958-1967, avec « *l'implantation de Maurice Faure* » : « *ce que l'on a nommé le faurisme, établi sur les faiblesses géographiques et démographiques du Lot, constitué par un clientélisme qui faisait dire que 'tous ont mangé dans la main du César républicain.'* »

Quelques mois plus tard, Gérard Miquel s'est lové dans le moule de ses prédécesseurs, ajoutant même une dose de populisme avec « *une large consultation* » sur l'avenir du Lot (surtout une manière de se faire connaître des lotois !... la forme rappelle la consultation d'Edouard Balladur au temps de ses rêves élyséens), et *Dire Lot* titre, sans état d'âme apparent, en novembre 2005 : « *Daniel Maury, l'enfant du pays* »... quasi publi-reportage où le président du PRG lotois intronise naturellement Maurice Faure quand on lui demande son « *homme célèbre* », le propulsant ainsi à la même hauteur que Marie Curie sa « *femme célèbre.* » Le petit jeu de « *la vie en questions* » permet de cerner le notable : Thierry Ardisson « tout le monde en parle » en émission préférée, Alain Delon comme acteur, Brigitte Bardot actrice... La question de l'écrivain préféré brille uniquement par son absence.

Aucun commentaire quand il assène « *les valeurs démocratiques, laïques et républicaines du radicalisme me vont comme un gant* »... sûrement un gant de boxe pour massacrer toute velléité d'insoumission au pays du

clientélisme (Robert Hersant et Bernard Tapie sont entrés en politique via ce parti…).
Doit-on en conclure que *Dire Lot* misait sur Gérard Miquel… et soutiendra « loyalement » la majorité unanimité départementale PS-PRG et divers ralliés ?
Je suis arrivé dans le canton en 1995… naturellement le notaire* avait évité de m'informer qu'un projet de ligne à très haute tension passait à cinq cents mètres de là.
Une décennie et les réseaux sont disséqués !
« On ne peut rien y changer, ici c'est comme ça… »
La politique des clans est discrète, sans fuite dans les médias…

Un seul quotidien dans le département : *La Dépêche Du Midi* de Jean-Michel Baylet (aussi président de ce PRG) ; un trimestriel distribué gratuitement sur le canton : *Le Petit Canard*… président d'honneur Daniel Maury, financé par la communauté de communes (présidée par le même), le Crédit Agricole (le président du Conseil d'Administration local, est un maire du canton, un soutien du même), la Banque Populaire (un membre du Conseil d'administration de la Banque Fédérale des Banques Populaires est aussi vice-président délégué de la Banque Populaire Occitane, après avoir été le Président de la Banque Populaire du Quercy et de l'Agenais… un maire du canton, appelant à voter pour le même), la Saur (service de l'eau implanté à Montcuq, contrats avec de nombreuses municipalités).
Ainsi Montcuq est un charmant, pittoresque petit village du Lot, popularisé par la télévision… où tout est pour le mieux dans le clan du Maury… Peut-être même qu'aucune pression n'est nécessaire sur la Banque Populaire, le Crédit Agricole et la Saur, les directions souhaitent souvent plaire aux « hommes forts » !

Le mieux est de s'y faire une petite place. Conseil ! La noble posture en France consiste à dénoncer le comportement des hommes politiques de droite au pouvoir. Mais c'est au niveau local que la démocratie se décompose, quand des élus utilisent l'étiquette « de gauche » pour mener leur petite carrière, ni de gauche ni de droite, simplement une rente de situation, une imposture.

Les petits avantages (comme une subvention à son association, une invitation à un vernissage, un passe-droit…) retiennent bien des langues. Mais aussi la certitude de ne pas intéresser au-delà du canton, finalement, avec ces dérives si fréquentes. Les bouffonneries cantonales intéressent moins que leurs compagnes nationales.

Pouvoir vivre sans subvention, sans médaille ni portrait dithyrambique dans la *dépêche du midi*, sans côtoyer les petits pantins, permet une liberté de parole accentuée par la possession du site montcuq.info.

Pourvoir s'exprimer publiquement est rare mais pas impossible. Michel Onfray, un dimanche sur France-Inter balance « *Agir là où l'on est en faisant les choses auxquelles on croit (…) Vivre en province, travailler en province, faire des expositions à Argentan, petite ville de sous-préfecture où j'habite, sans budget, sans l'aide des politiques locaux qui sont des nuls.* »

Quelques jours plus tôt, sur la même antenne, Renaud Donnedieu de Vabres, ministre de la culture se posait en garant : « *Il faut reconnaître que dans la France actuelle, les artistes ont une liberté d'expression un peu supérieure à celle du citoyen moyen.* »

Qui écrira STOP ? Est-ce qu'un jour l'un des soutiens osera le défier politiquement ? Ou ils attendront tranquillement pour prendre la place, profiter de ses avantages ? Le canton est condamné ? Combien d'années encore subirons-nous le décalage entre cette vieille politique et l'évolution du monde ? L'UMP et l'UDF sont nos seuls espoirs ? Ainsi progresse l'abstention.

2006 : Premières élections en Mauritanie, depuis le putsch militaire qui a brisé la dictature au pouvoir durant deux décennies.

[Note 2013 : seule la finitude, la maladie puis la mort, peut sortir les vieux élus PS-PRG du Lot ? La hausse du vote FN, pourtant sans véritables figures dans la région Midi-Pyrénées, devrait constituer un élément de réponse au découragement démocratique. Oui, "des gens de gauche" finissent par voter FN car ils considèrent comme des usurpateurs ces hommes et quelques femmes avec l'étiquette "gauche"]

1963 - 1994 : le conseiller général de Montcuq, Maurice Faure, cumula cette fonction avec la députation (1951 à 1983), le sénat (1983 à 1988), la mairie de Cahors (1965 à 1989), la présidence du Conseil Général (1971 à 1994), les fonctions ministérielles (dont Garde des Sceaux, ministre de la justice du gouvernement Pierre Mauroy, du 22 mai au 23 juin 1981, Ministre d'État, ministre de l'Equipement et du Logement du gouvernement Michel Rocard du 12 mai 1988 au 22 février 1989)

2016... Après la fusion à cinq, il serait passionnant, drôle, instructif et risible qu'une étape suivante entraîne l'adhésion de St Cyprien, où la veuve de Daniel Maury siège au Conseil Municipal. S'auréolant de son nouveau titre de "conseillère départementale de Luzech", et 6e vice-présidente chargée des Personnes âgées et handicapées, Maryse M pourrait alors "légitimement" s'asseoir dans le grand fauteuil, et ainsi la boucle serait bouclée, le PRG et sa dépêche consacrés, et les troisièmes couteaux recasés... dans des associations ? Elle s'entourerait de nombreux adjoints ? Montcuq peut encore grossir...

Au conseil municipal du 21 janvier. Nous étions 6, « le public », et mon nom a déclenché la réaction « *la petite Maurytanie* » *!* Ce néologisme a marqué...

* Peut-être sans rapport, la pièce de théâtre « *Les secrets de maître Pierre, notaire de campagne* » fut écrite quelques années plus tard (www.dramaturge.fr)

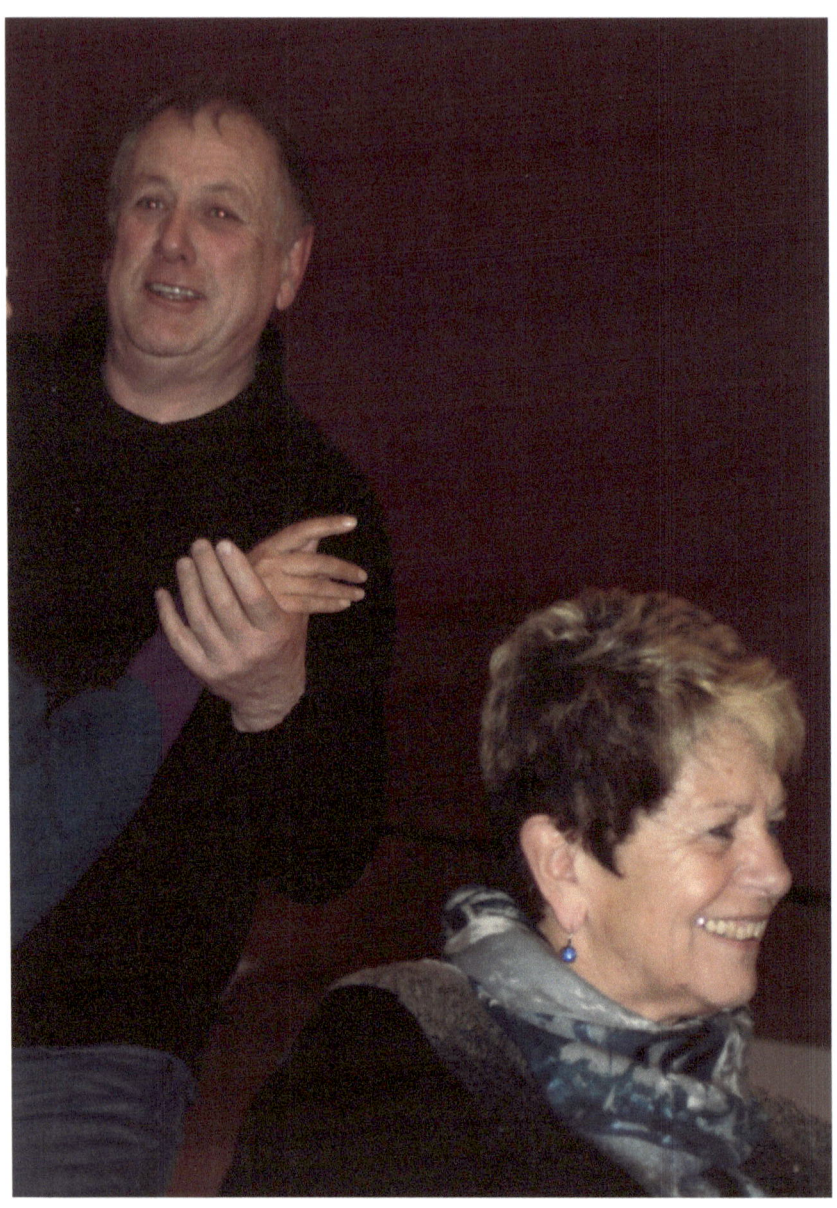

Pour l'instant c'est la joie... Alain Lalabarde danse et Maryse Maury sourit (photo du 30 janvier 2016 en conclusion d'une banale pièce de théâtre ; voir www.montcuq.info) mais ils ne regardent pas dans la même direction...

Parfois les belles ruines s'effondrent...

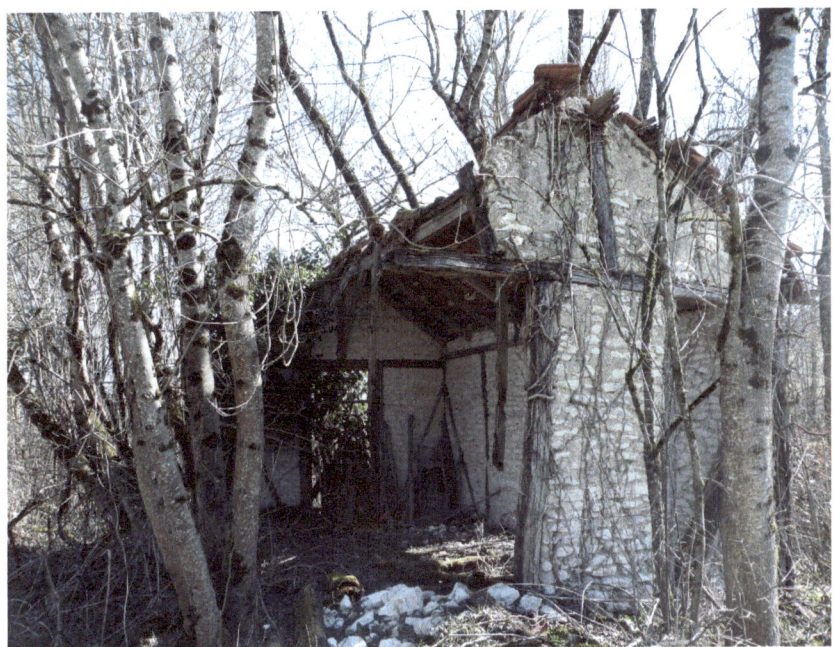

Je l'ai retrouvée le 31 décembre 2015, ma ruine préférée de Montcuq-tout-court.

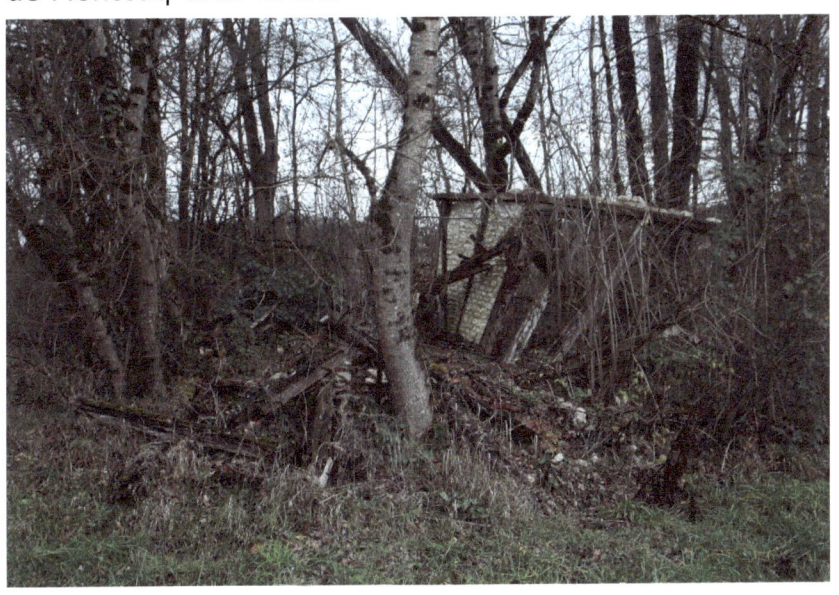

Il est 6 heures, Montcuq s'endort

Je suis l'noctiluque de Montcuq
La lumière qu'ils trouvent caduque
Les gamines ont d'autres idoles
Depuis qu'fleurissent les paraboles

Il est 6 heures
Montcuq s'endort
Montcuq s'endort

Les cochonnets sont bien rangés
Les pétanqueux sont rhabillés
Ils quittent l'allée de la prom'nade
Pour aller manger leur salade

Il est 6 heures
Montcuq s'endort
Montcuq s'endort

Y'a trois cafés mais aux terrasses
Pas une femme ne s'y prélasse
On y parle de Nino Ferrer
Puisqu'on n'a pas d'député maire

Il est 6 heures
Montcuq s'endort
Montcuq s'endort

Personne ne retient l'boute-en-train
Il est guitare entre les mains
Répète la fête de la musique
Imagine un nombreux public

Il est 6 heures
Montcuq s'endort
Montcuq s'endort

Le boucher compte les morceaux d'porc
Espère qu'les retours de Cahors
Lui feront un chiffre d'affaire
Supérieur à la boulangère

Il est 6 heures

*Montcuq s'endort
Montcuq s'endort*

Une vieille radio suffoque
La play-list d'*Antenne d'Oc*
Les gens l'écoutent ils n'ont pas l'choix
France-Inter ne passe pas par là

*Il est 6 heures
Montcuq s'endort
Il est 6 heures
Je me moque encore*

Ma première mise en scène de Montcuq dans une parodie, c'était en mai 2003. Sans député-maire...

Œuvre originelle :
Il est 5 heures, Paris s'éveille (Jacques Dutronc)

Pour toute interprétation publique :
Il est 6 heures, Montcuq s'endort (Stéphane Ternoise)

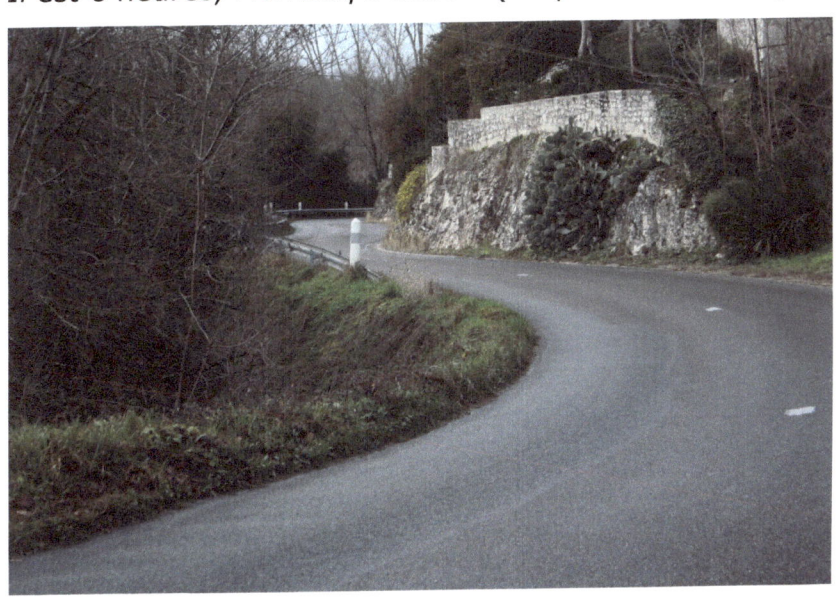

Le circuit de Belle Montée à Montcuq

Tout lien de confiance est désormais impossible ?

Les maires s'honoraient du statut d'élus les mieux considérés, pas forcément une question de compétences mais une conséquence logique de leur proximité les plaçant devant une certaine obligation de faire pour le mieux, tenir les promesses. Mais également, peut-être pas uniquement dans la légende républicaine, des maires sont réellement dévoués à leur commune, imprégnés d'un profond respect de son histoire, intériorisent et assument une continuité.

Une députée peut passer son temps à Roland-Garros plutôt qu'au Parlement sans que ça se sache...

Bon parfois si elle est blonde, on la remarque entre Noah et Zidane... Même au pays des petites blagues, trêve de plaisanterie : ces maires viennent d'asséner un coup fatal à la confiance communale ; la délitescence républicaine semble totale...

C'est bien à une trahison des engagements de 2014 que nous avons assisté en 2015.

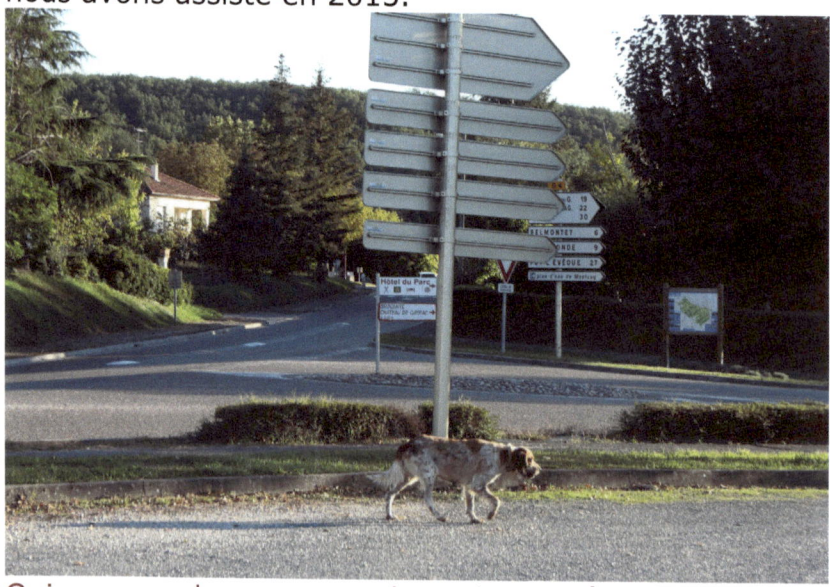

Qui se rendra encore dans la *Vallée Profonde* de Montcuq ? Ou même sa *Belle Montée* ?

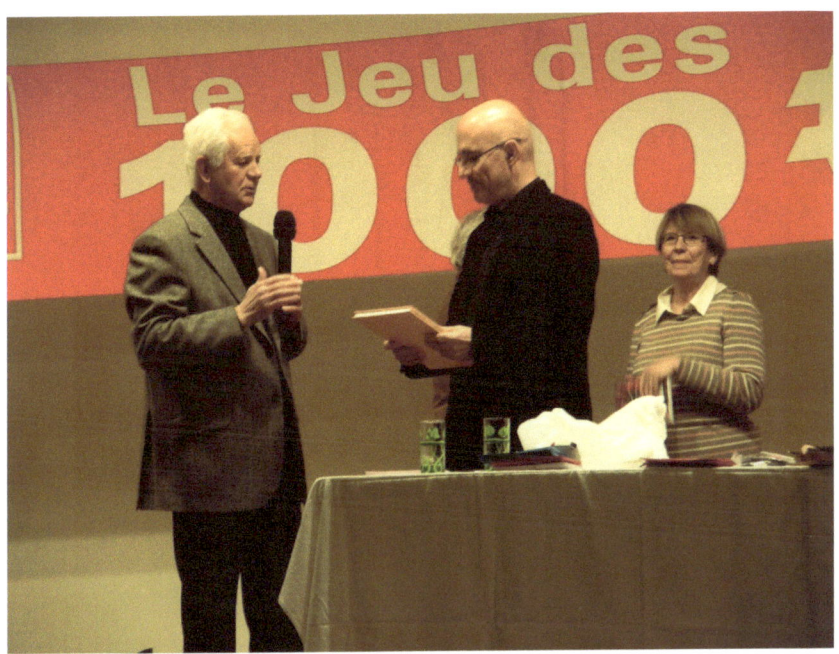

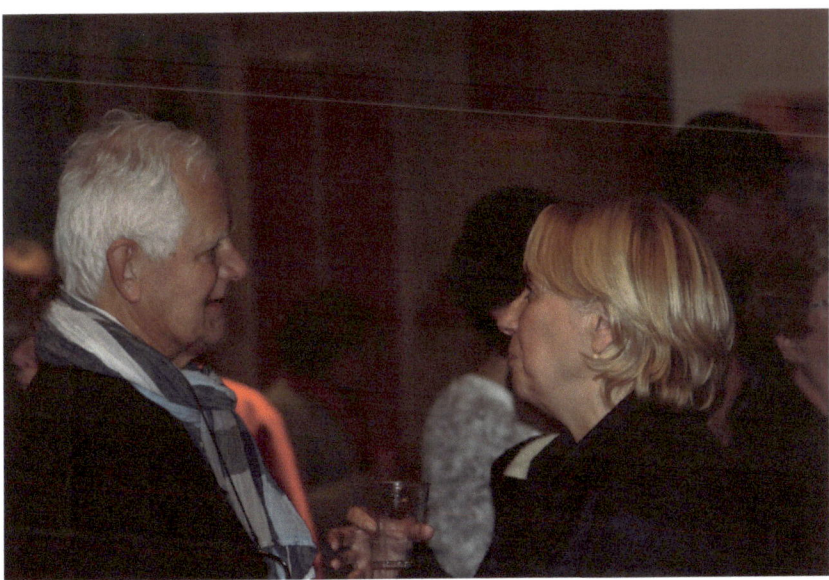

Quelques années après avoir, ès maire, accueilli Nicolas Stoufflet, Guy Lagarde converse avec Sabel Marie-José le 22 janvier 2016.

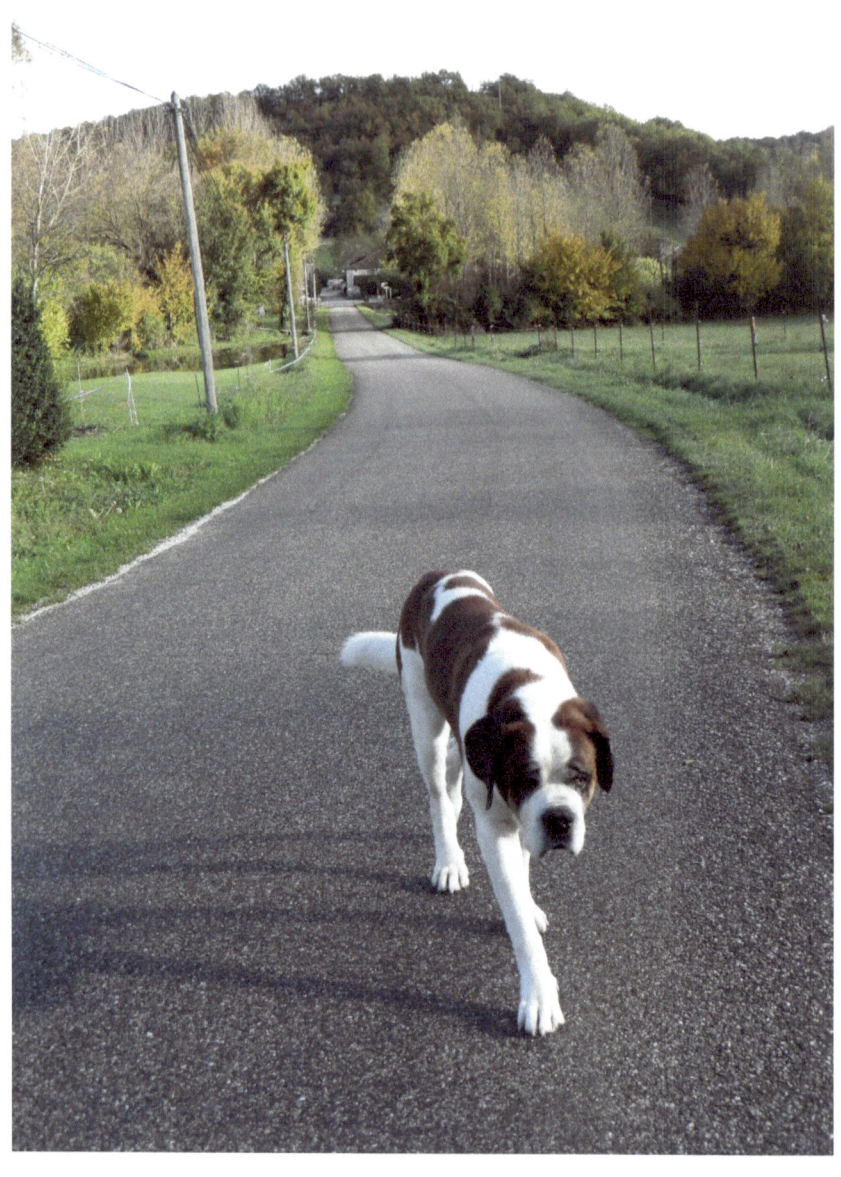

Pour certains la "*rue des enfants*", pour d'autres celle des chiens.

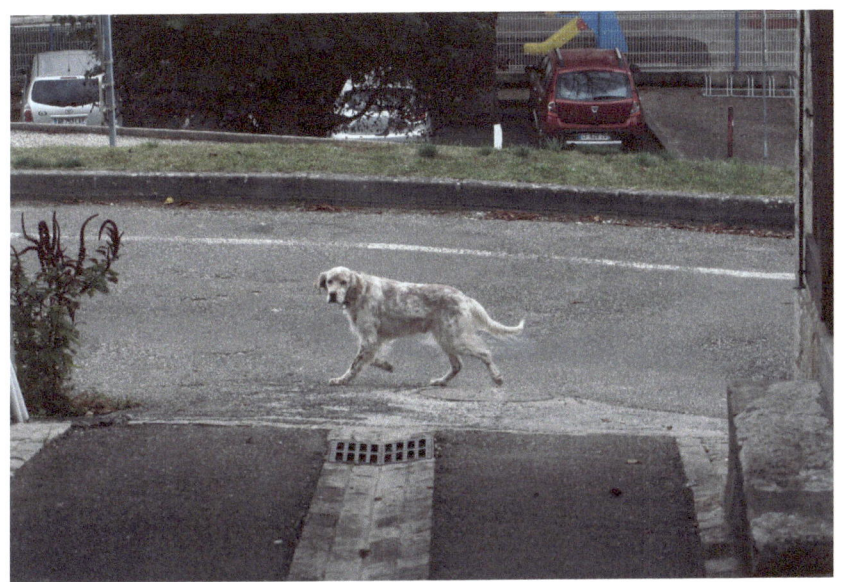

À Montcuq-tout-court, au bout de la rue également, parfois, y'a un chien.

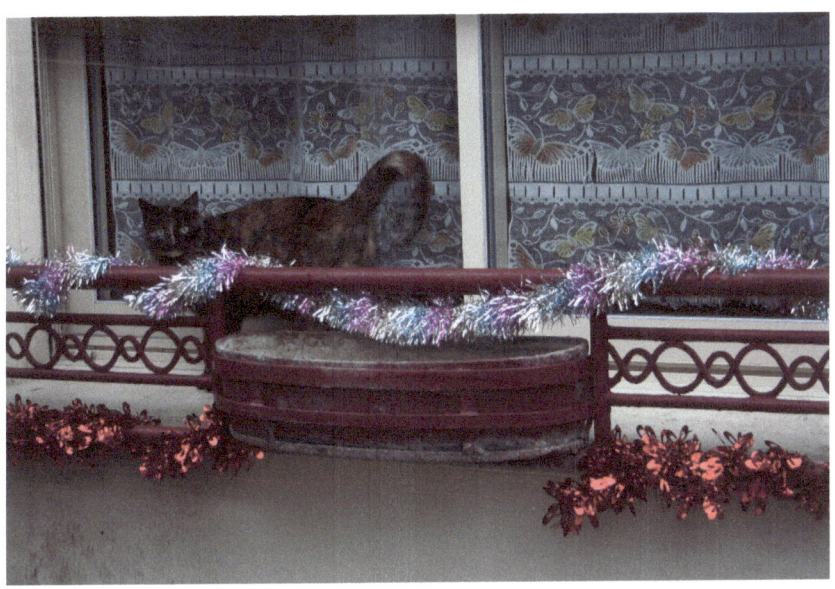

Quoique les chattes soient plus présentables…

Quel avenir ?

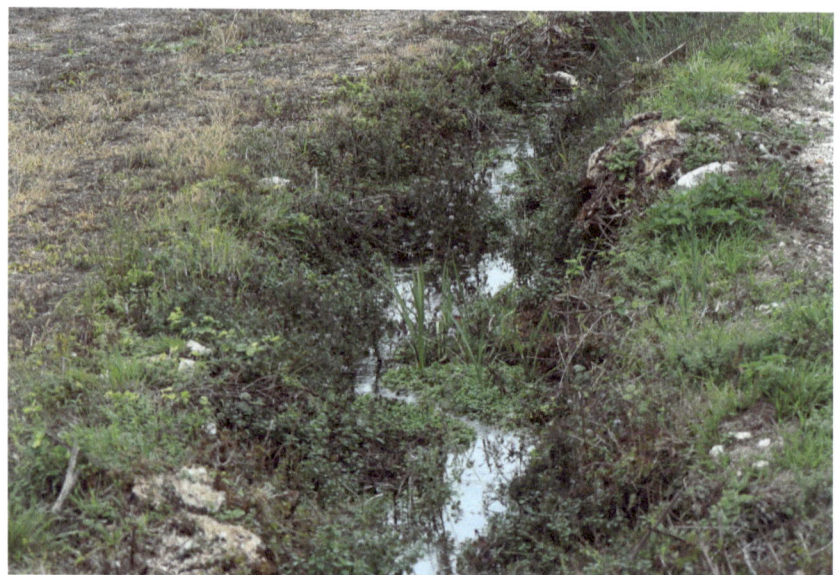

15 septembre 2015, dans la vallée de la Séoune, un affluent, donc normalement désormais protégé.
Pourquoi d'un côté, l'herbe n'est plus verte ?

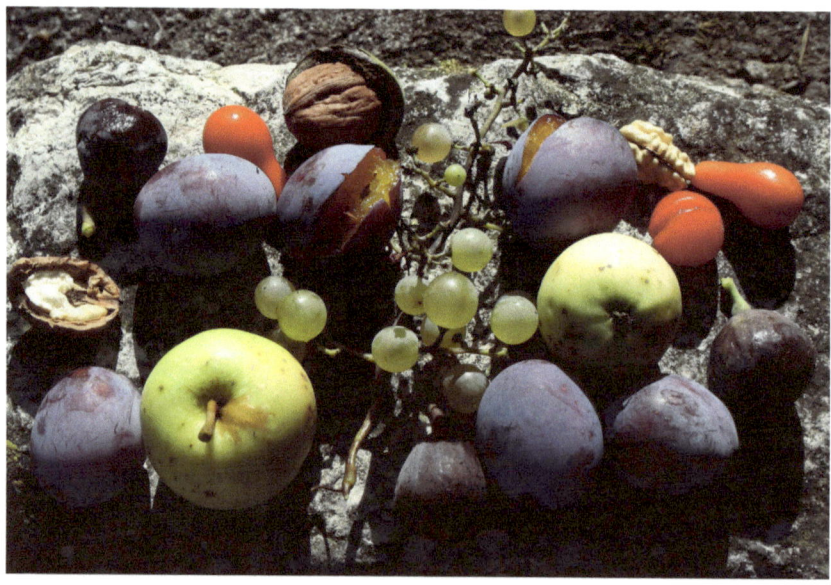

Vivre de ses produits ? Trois jours plus tard.

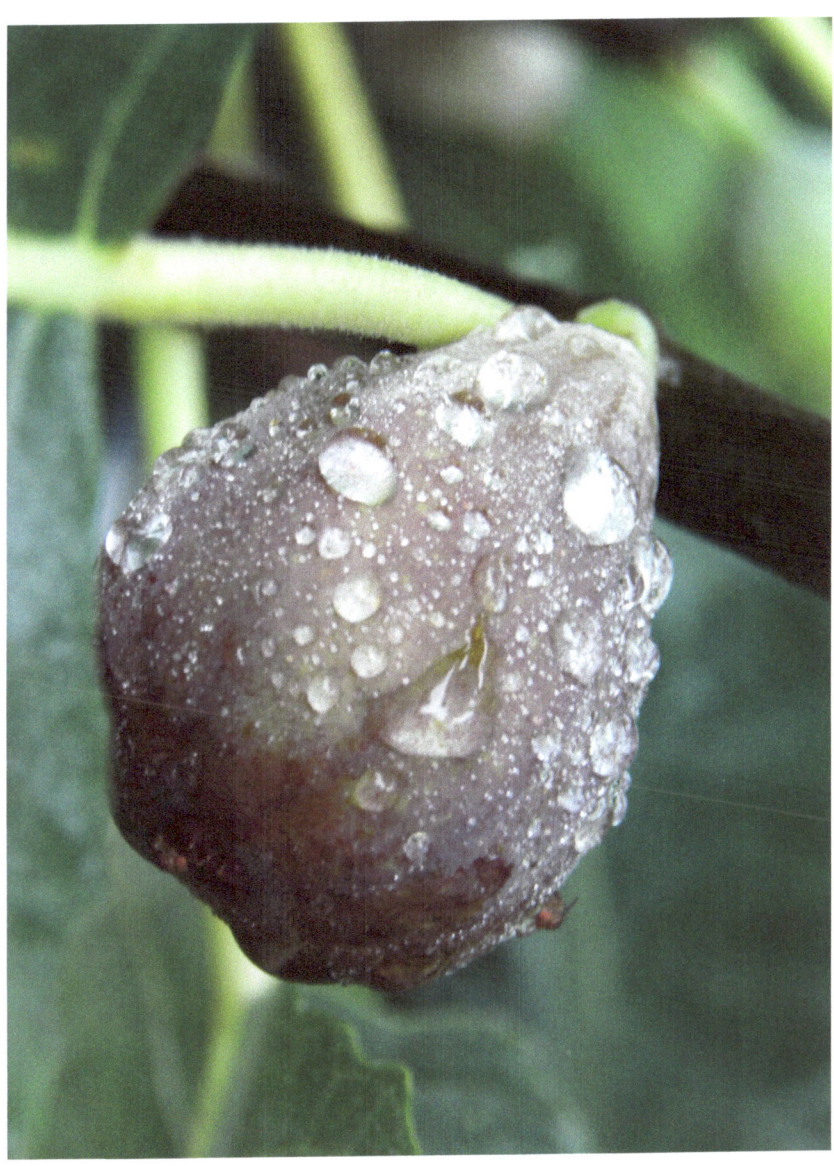

La figue est l'avenir du Quercy. Plantez des figuiers ! Mais comment reprendre les terres à ceux qui les ont accaparées grâce, ici comme ailleurs, à leur safer ? La figue n'aime pas la pluie mais reste délicieuse, cuite, après avoir été congelée. *Le royaume de la figue*… non, ce n'est pas une idée des « 7 Montcuquaires. »

Des riches équilibrent les revenus moyens...

Il faut se méfier des sondages, vous le saviez, et des chiffres également... Il suffit souvent de les manier avec dextérité pour donner l'image souhaitée...
Ainsi les revenus des cinq communes "fusionnées".
Chiffres clés Revenus et pauvreté des ménages en 2012 (Insee) :
561 ménages fiscaux à Montcuq (soit 1 159,5 personnes), médiane du revenu disponible par unité de consommation : 17 518 euros.

Médiane du revenu disponible par unité de consommation ?

En France métropolitaine, le revenu fiscal médian par unité de consommation est de 18 355 euros en 2009 (dernier chiffre de l'insee, qui ne nous donne pas 2012 !)

Les revenus fiscaux médians déclarés par unité de consommation les plus élevés concernent essentiellement les grandes agglomérations, notamment au sein du bassin parisien, mais aussi dans les régions Alsace et Rhône-Alpes. Ainsi, parmi les dix-neuf zones d'emploi dont le revenu fiscal médian par unité de consommation dépasse 20 000 euros, onze sont situées en Ile-de-France, trois en région Rhône-Alpes (Chablais, Annecy et Genevois français) et trois en Alsace (Molsheim-Obernai, Wissembourg et Saint Louis).

Le revenu fiscal médian est le revenu qui divise la population en deux parties : la moitié de la population a un revenu fiscal inférieur au revenu fiscal médian et la moitié un revenu supérieur.

Pour comparer les niveaux de vie de ménages de taille ou de composition différente, on utilise une mesure du revenu corrigé par unité de consommation à l'aide d'une échelle d'équivalence avec la pondération :
1 UC pour le premier adulte du ménage ; 0,5 UC pour les autres personnes de 14 ans ou plus ; 0,3 UC pour les enfants de moins de 14 ans.

Ce qui signifie simplement qu'à Montcuq en 2012, 280 ménages obtenaient plus des 17 518 euros annuels et 280 moins.

67 ménages fiscaux à Belmontet (soit 154 personnes),
Médiane du revenu disponible par unité de consommation : 16 369

68 ménages fiscaux à Lebreil (soit 170,5 personnes),
Médiane du revenu disponible par unité de consommation : 16 341

57 ménages fiscaux à Valprionde (soit 114 personnes),
Médiane du revenu disponible par unité de consommation : 18 622

Pour Sainte-Croix, l'information n'est pas communiquée. Sûrement car il s'agit d'une commune de moins de 100 habitants...

Valprionde, où seulement 45% des logements sont occupés, présente le revenu médian le plus élevé... Le quartier semble donc bien placé pour devenir celui des résidences secondaires. Il faudra combien d'années pour en virer "les pauvres". Combien de revenus supérieurs à 50 000 euros ?

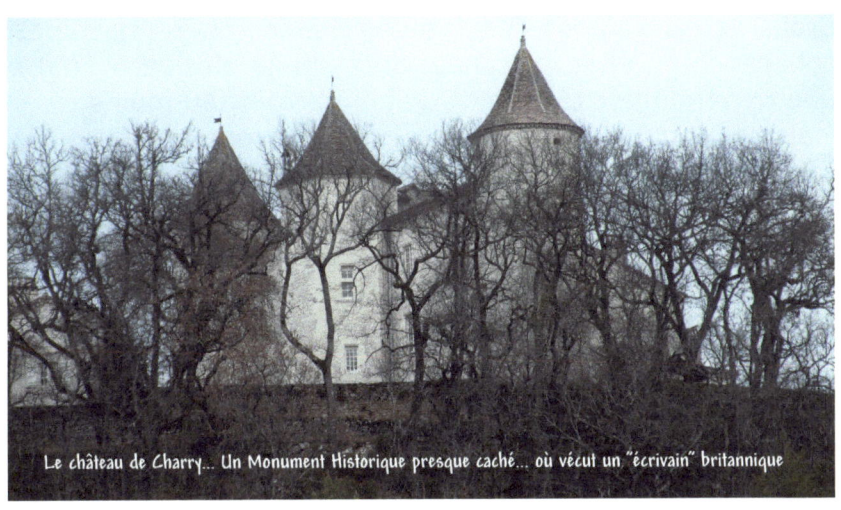

Le château de Charry... Un Monument Historique presque caché... où vécut un "écrivain" britannique

Fusions, absorptions...

Montcuq et ses 3 222 ha ne fut pas créée ainsi à la Révolution. La commune absorbait Saint-Privat-de-Montcuq entre 1790-1794 et Rouillac, Saint-Geniès et Saint-Sernin entre 1795-1800.

Valprionde était arrivée à 1 592 ha après avoir absorbé Saint-Aignan entre 1790-1794 puis Saint-Félix (Saint-Félix-des-Vaux), entre 1795-1800.

Lebreil : 1 020 ha. Absorbe entre 1790-1794 : Caminel et Saint-Amans-de-Cabremorte. Lebrel devint alors Lebreil.

Pour Sainte-Croix, aucun changement de limites mais en 1801 Sainte-Croix-de-Vaux devenait Sainte-Croix.

Les mots avaient donc encore un sens vers 1800 : le législateur notait "absorber" et non "fusionner" quand il s'agissait d'absorption. Et surtout, il s'agissait d'opérations de proximité.

Quelle cohérence possible pour une telle commune étendue sur 78,23 kms^2 ?

La fusion de Valprionde, Belmontet, Lebreil et Sainte-Croix aurait peut-être pu receler une certaines cohérence. C'était aux habitants de le décider... dans une dynamique citoyenne. Avec un projet, au moins...
Mais ce Montcuq-en-Q-B n'était ni cohérent ni à faire. Ils l'ont fait. Ils ont soumis des espaces ruraux à un centre vaguement touristique.

Un symbole...

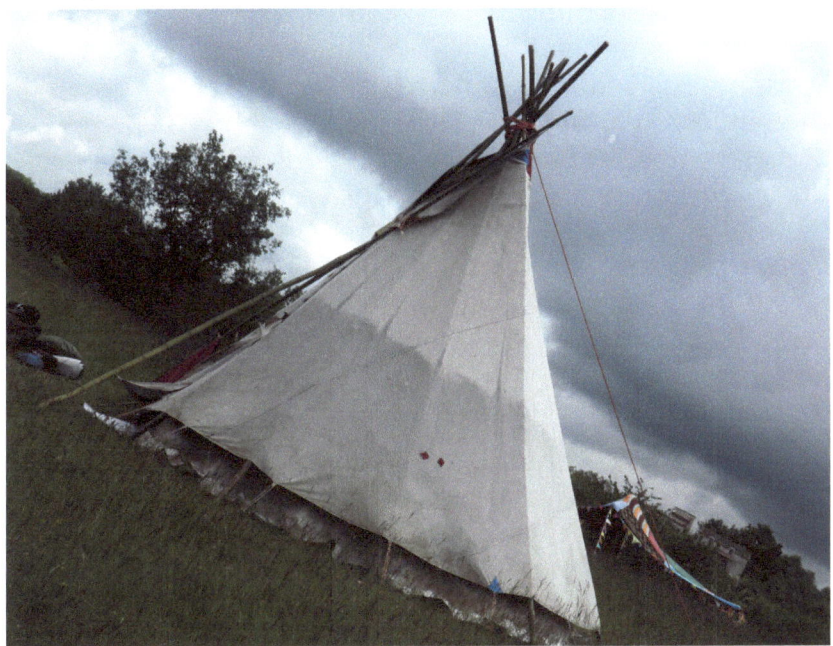

Saint-Félix, commune de Valprionde, mai 2014 : l'utopie de vivre autrement ne passera pas ! Sur la route, premier acte majeur du maire fraichement élu : interdictions de stationner. « *Fais ta ferme à Saint Félix* », cette fête aurait pu devenir une fête de village... Message évident : nous préférons les riches retraités.

Elle était l'avenir de ce village... Elle était revenue sur la terre de sa grand-mère. Pour un projet qui n'aurait sûrement pas reçu l'approbation des directeurs financiers : elle élevait des chèvres... Et vendait des cabécous, le samedi matin sur le marché de Montaigu-de-Quercy. Ainsi, durant quelques mois, je l'ai vue presque chaque semaine... En mars 2014, elle avait été la plus jeune candidate aux municipales de Valprionde. Elle souhaitait s'impliquer dans la vie de la commune. Elle souhaitait "faire sa vie ici". Je l'ai connue le 24 février 2014, quand "la 2e liste" m'avait invité à l'unique réunion publique d'avant municipales.

Mercredi 13 janvier 2016, en l'église de la paroisse de St Félix, celle où elle fut baptisée, des sanglots dans la voix, une de ses amies prononçait quelques phrases : « Perrine aimait la vie... elle aimait le feu dans la grande cheminée... elle aimait les fleurs des champs... se lever de bonne heure pour aller au marché... »
Nous étions une centaine, des sanglots dans notre silence. Elle était là sans y être, Perrine. Des cendres dans une urne. Elle avait été incinérée, à Nîmes, le 8 janvier, à 14 heures. À cette heure-là, à Valprionde, des mains anonymes avaient sonné les cloches.
Pourquoi, comment, était-elle "arrivée" là-bas ? Car même si elle restait "domiciliée ici", elle était partie...
Nous étions une centaine, des chrétiens, des athées, des agnostiques. Une grande partie de femmes et d'hommes tristes, que le prêtre croisait sûrement pour la première fois. De "7 à 77 ans". De nombreux "jeunes".
Père Alexandre BULEA sut s'adresser à tous, avec bonté, en homme également triste, de cette vie fauchée en pleine jeunesse.
« C'est normal qu'on soit ému, vous comme moi, car on ne s'habitue pas à la mort. »
Le Père Alexandre sut faire de cette église un espace ouvert, pour toutes et tous, un espace de recueillement.
Il fut le prêtre qui comprend que l'on peut ne pas croire en Dieu mais qu'au moment de la mort, quand la douleur est là, lui, Père Alexandre, modestement, était là. Pour accompagner. Sans chercher à profiter de la circonstance pour convertir ou culpabiliser... Il était là pour les gens sincères dans leur douleur.
Il a su reprendre l'aphorisme d'une figure de notre idéal républicain : « *on ne voit bien qu'avec le cœur, l'essentiel est invisible aux yeux.* »
(Antoine de Saint Exupéry)
« *Seigneur, nous avons du mal à comprendre que l'on puisse mourir si jeune. Et qu'une vie soit brisée alors qu'elle commençait à peine à s'épanouir...* »

En trois mots, il réglait le sort d'absences peut-être indécentes : « *quand on est un homme important, il faut prendre des rendez-vous.* »

Du côté de ceux qui ne jugent pas, il tendait la main.

« *Je vais venir, exceptionnellement* », comme il le dit, et le Père Alexandre accompagnait l'urne jusqu'à « sa dernière demeure. »

Perrine passait "une dernière fois" sous le vitrail réalisé par Dagrant en 1890, représentant la fuite en Egypte, sur un âne. Dans sa petite ferme "utopique", elle accueillait également un âne. Serait-il impossible de "vivre autrement" ?

J'ai fixé sa photo... « elle était la vie... elle était... », effleuré l'urne noire posée devant une tombe ouverte, et suis parti.

Un regard au loin vers la butte, où depuis 1933 Jean Dumont, le sabotier, repose dans son petit mausolée de libre-penseur.

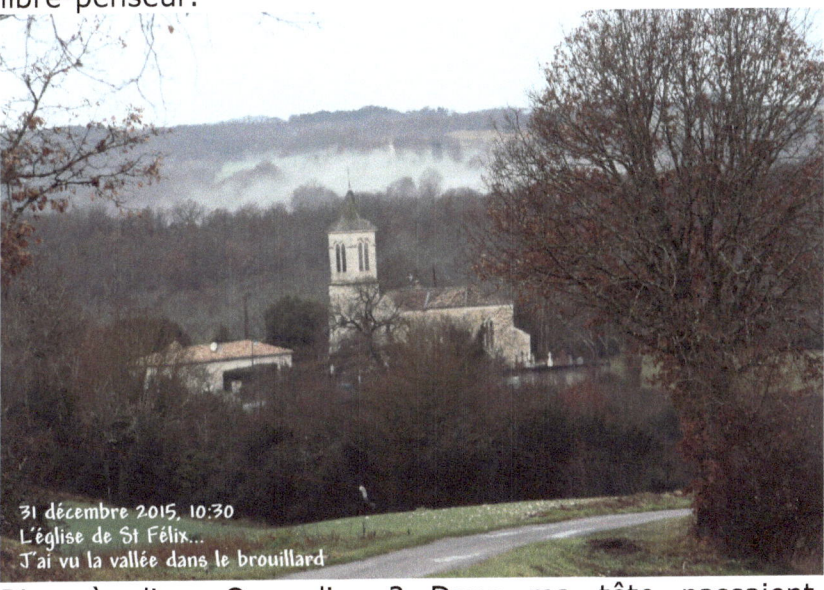

31 décembre 2015, 10:30
L'église de St Félix...
J'ai vu la vallée dans le brouillard

Rien à dire. Que dire ? Dans ma tête passaient, bizarrement, des extraits de chansons, on est souvent ramené à sa propre histoire, ses influences, « *cette gamine-là m'était chère* » (Téléphone) « *Les ongles encore accrochés Sur quelques lambeaux de mystère... J'ai vu la vallée dans le brouillard* » (Gérard Manset)

Elle était l'avenir de ce village, et nous a quittés à l'heure où sa commune disparaissait, annexée par Montcuq. En 2016, elle devait, semble-t-il, rejoindre une école de berger, en Ariège. Elle serait entrée aux urgences aux premières heures de l'année, suite à une intoxication alimentaire...

Un symbole... Le père Alexandre semble suivre les péripéties locales... Il a su dire, en ce 13 janvier 2016 : « *St Félix, de la commune de Valprionde.* »

Ici, ici... elle ne fut pas la première à ressentir la méfiance... euphémisme... et nous n'avons pas su mettre en place un mouvement, une association, un endroit, que sais-je, pour permettre un peu plus de "lien social", malgré ceux qui n'en veulent pas.

Elle s'appelait Perrine, Perrine BRUYERES, elle n'avait pas 30 ans. Cette gamine-là m'était chère.

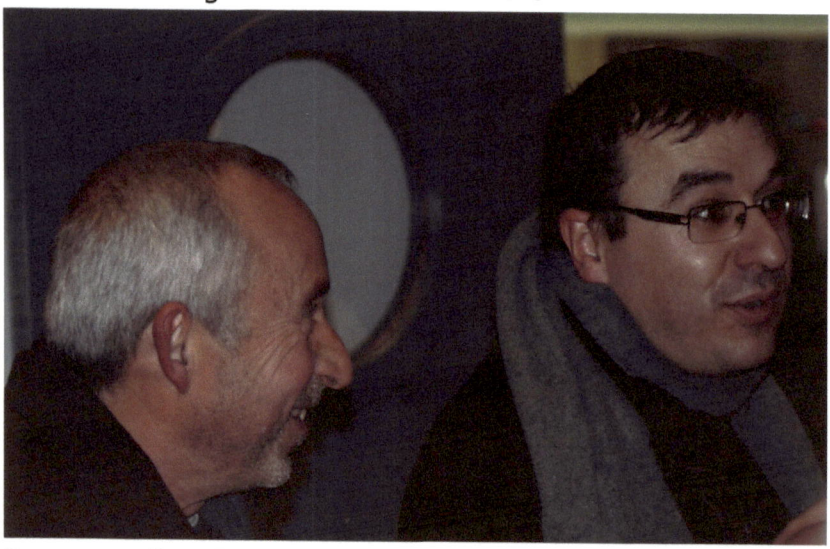

Dans quelle direction regarde le Père Alexandre de Montcuq-en-Quercy-Blanc, le 22 janvier 2016, après les laborieux vœux du maire et ses adjoints ? Le citoyen qui l'observe semble se le demander...

Alors, marchez !

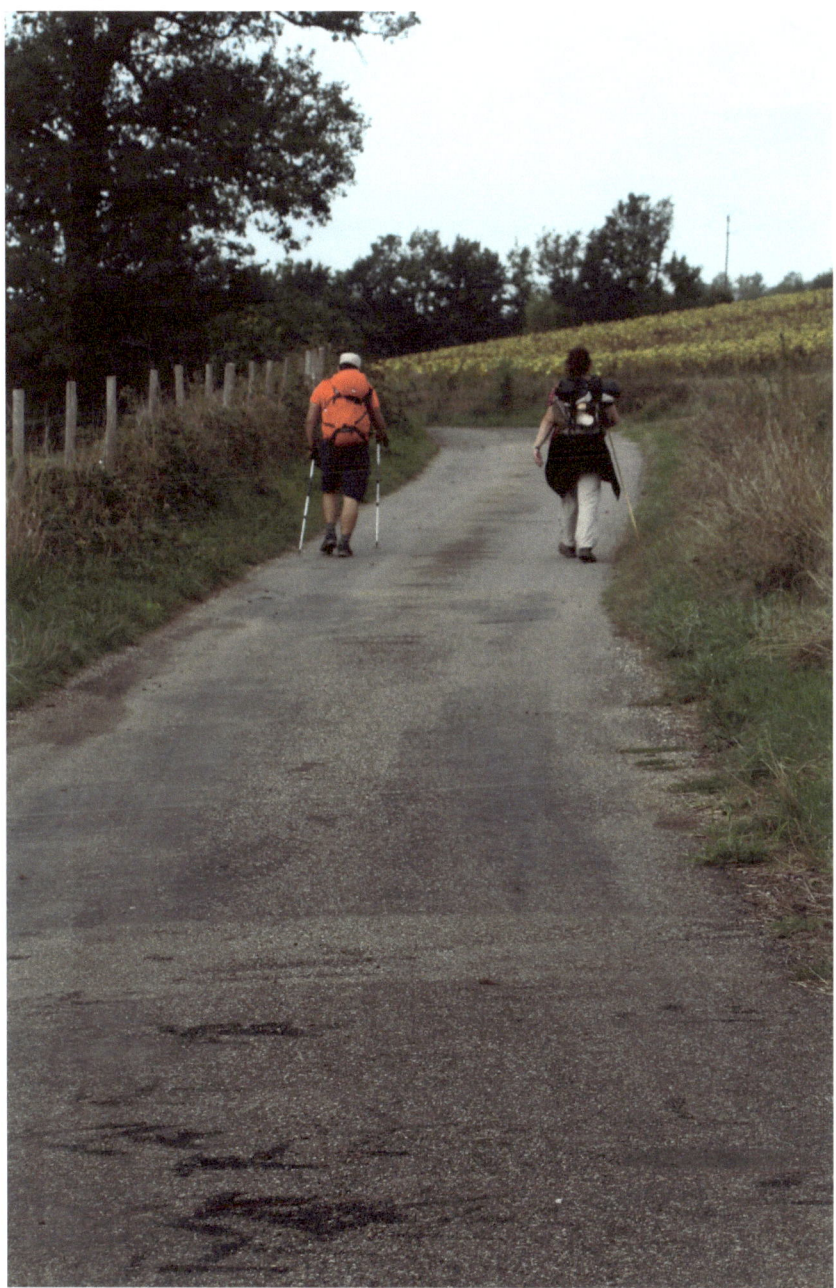

Sur la route de Saint Jacques de Compostelle...

Nous en sommes là…

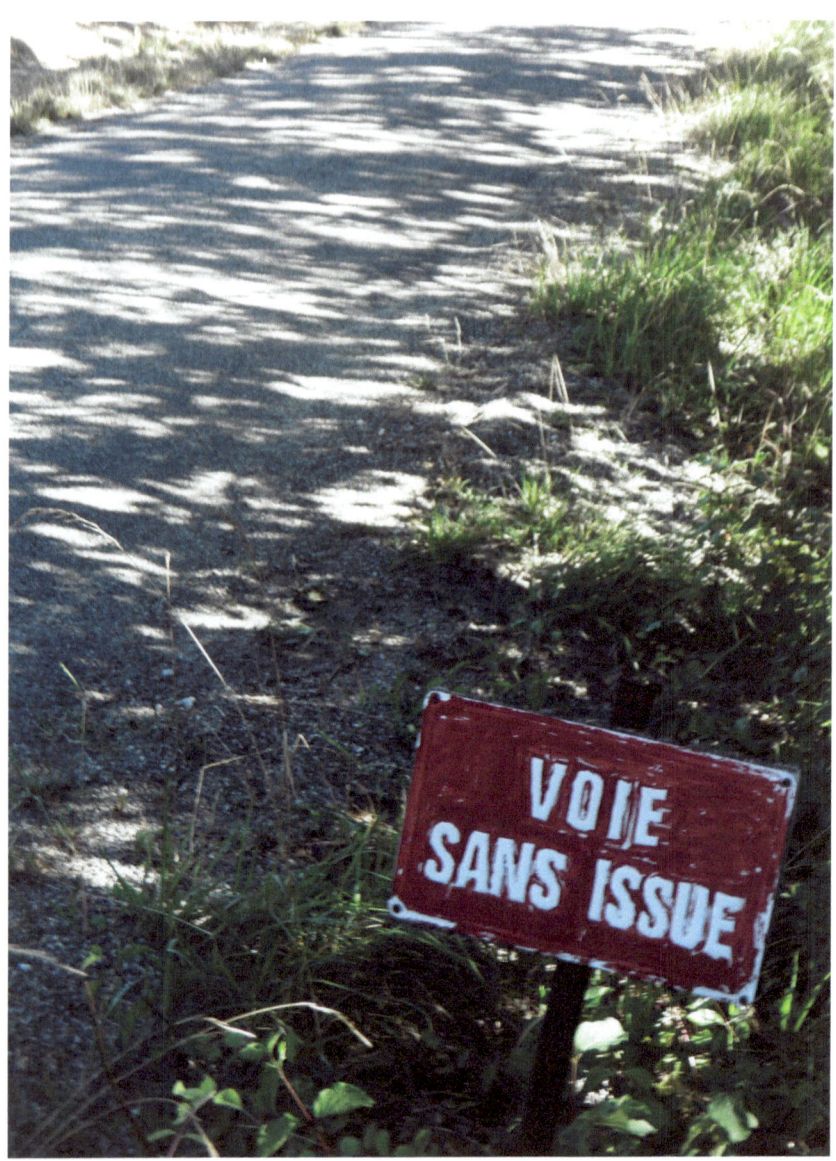

La mienne, certes, peut-être. Avec ce refus grotesque de prêter allégeance à nos nouveaux consuls ! J'aborde dans d'autres livres la ruralité, ce qu'elle pourrait être et ce qu'ils en font…

Au loin...

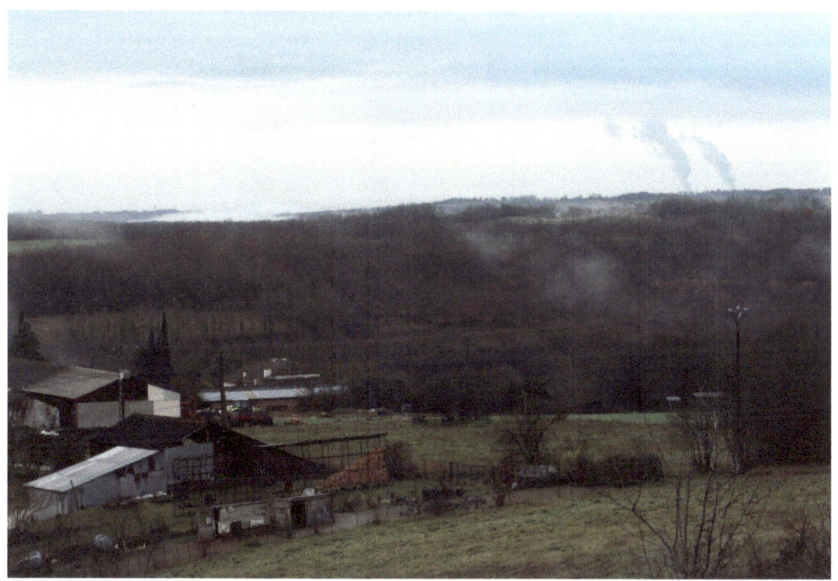

Mais c'est Golfech ! Qui se rendra dans les quartiers éloignés de MQB quand surviendra l'incident ? Début 2016, une petite crise de la bactérie dans l'eau cadurcienne distribuée, semble-t-il, jusqu'à Montcuq, mais non Valprionde ni Belmontet, a démontré certaines incapacités à informer les populations. De là à les protéger... À Valprionde par exemple, il existait deux stations d'eau... mais la Saur a récemment repris le réseau... P. Caumon n'y est pour rien mais ses prédécesseurs avaient laissé les agriculteurs libres de déverser tout produit près des zones de captation... Il arrive un jour où « il faut payer » les grotesques erreurs du passé...

Couverture

Recto et Verso : photos du livre.

Montcuq-en-Quercy-Blanc : 78,23 kms^2. Qui connaît cette commune nouvelle lotoise dont la plus grande partie est constituée de "territoires conquis", Valprionde, Belmontet, Lebreil, Sainte-Croix ?

Depuis deux décennies j'arpente ces chemins et routes. Je me suis même souvent égaré…
Une approche naturellement subjective. Avec des opinions et des informations glanées durant cette rencontre avec le sud du Quercy Blanc lotois.
Heureusement, il n'est pas encore obligatoire de tous regarder dans la même direction et penser les mêmes idées-reçues…

« C'est presque une bande de copains (…) On a un peu la même vision des choses. On est presque tous du même âge, pas loin, on pense à peu près, on pense pareil, pratiquement. »
Lalabarde Alain, maire, lors de ses vœux du 22 janvier 2016, au sujet du "cercle des sept sexagénaires".

À la Saint Valentin, il déclarait son amour de Montcuq… en QB…
En QB, avec l'accent du sud-ouest…

Montcuq en Quercy Blanc

7	De Montcuq à Montcuq en Quercy Blanc
11	C'est beau, Montcuq, la nuit ?
14	Il existait un canton de Montcuq
18	Ce que fut le canton de Montcuq
24	Les derniers Mohicans ruraux...
26	La fusion, tout le monde y fut favorable ?
28	Des pigeonniers et des pigeons
33	Le fossoyeur des patelins
35	Ils y furent favorables... vraiment ?
49	La charte...
57	La fiscalité... Présentation honnête aux administrés ?
60	Qui sera crucifié ?
64	L'arrêté du 20 octobre 2015
69	Montcuq en Caleçon Blanc...
70	Le doyen du 5 janvier 2016
71	L'identité des villages
74	Durant la Révolution
87	La chapelle du XIIIeme siècle
90	La petite Maurytanie
99	Parfois les belles ruines s'effondrent...
100	Il est 6 heures, Montcuq s'endort
102	Tout lien de confiance est désormais impossible ?
106	Quel avenir ?
108	Des riches équilibrent les revenus moyens...
110	Fusions, absorptions...
111	Un symbole...
115	Alors, marchez !
116	Nous en sommes là...
117	Au loin...
118	Couverture
120	Mentions légales

Mentions légales

Tous droits de traduction, de reproduction, d'utilisation, d'interprétation et d'adaptation réservés pour tous pays, pour toutes planètes, pour tous univers.

Présentation républicaine et indépendante de « Montcuq en Quercy Blanc. »
Sauf erreurs ou omissions.

Dépôt légal à la publication au format ebook du 14 février 2016.

Imprimé par CreateSpace, An Amazon.com Company pour le compte de l'auteur-éditeur indépendant.
livrepapier.com

ISBN 978-2-36541-711-2
EAN 9782365417112
Montcuq en Quercy Blanc de Stéphane Ternoise
© Jean-Luc PETIT - BP 17 - 46800 Montcuq - France

www.ingramcontent.com/pod-product-compliance
Lightning Source LLC
Chambersburg PA
CBHW040219220526
45473CB00001B/44